Vaarwel spullen

Fumio Sasaki

Maximalist

Minimalist

HOE WORD JE EEN MINIMALIST?

De twee foto's op de pagina hiernaast zijn allebei van mijn vorige appartement. Ik kon nooit spullen wegdoen. Zoals je ziet kreeg ik er steeds meer bezittingen bij. Ik heb tien jaar in dit appartement gewoond en in die periode leek het alsof mijn leven stilstond. Toen ontdekte ik het concept van het minimalisme, dat inhoudt dat je je bezittingen terugdringt tot alleen de essentiële dingen. Ik stapte over van een rommelig maximalisme naar een leven als minimalist. Ik zei vaarwel tegen bijna al mijn spullen en tot mijn verbazing merkte ik dat ik tijdens dat proces ook mezelf had veranderd.

HOE IK MINIMALIST BEN GEWORDEN

1

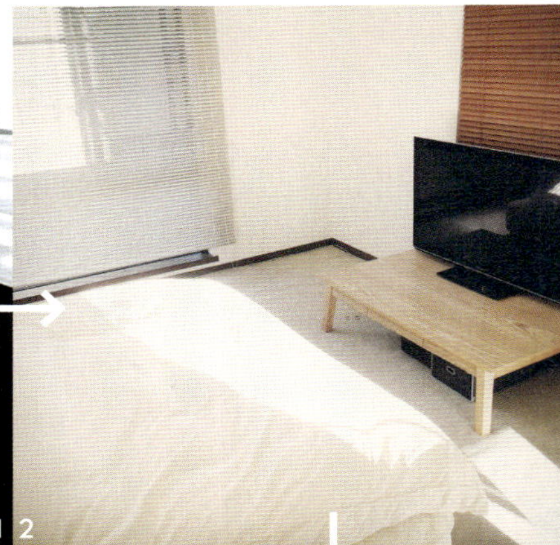
2

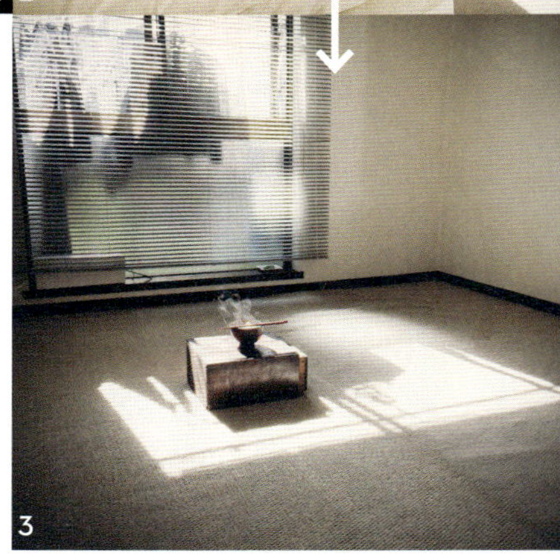
3

1. Stap voor stap, door technieken te gebruiken die ik in hoofdstuk 3 zal bespreken, heb ik de rommelige kamer in een opgeruimd appartement veranderd.

2. Ik heb al mijn boeken weggedaan, en zelfs mijn bureau en mijn stoel. Dat noemen we 'eenvoudig' en niet zozeer minimalistisch leven.

3. Als laatste heb ik mijn matras, mijn tafel en zelfs mijn televisie weggedaan. Ik voel me vaak net een zenmonnik in opleiding.

Maximalistisch leven

1

2

3

4

1. Vroeger liet ik mijn kleren rondslingeren, en dat leverde iets op wat je een bijzondere artistieke sfeer zou kunnen noemen.

2. Ik dronk bier aan mijn rommelige tafel, at snacks en speelde videospelletjes. Uiteraard kwam ik f aan. Daar heeft minimalisme me ook bij geholpen!

3. Ik vond het vroeger leuk om antieke camera's en vreemde lampen op internetveilingen te kopen.

4. Mijn hal, waar vroeger boekenkasten de hele muur in beslag namen. Ik verzamelde zoveel cd's en d als ik kon, maar uiteindelijk hechtte ik er eigenlijk helemaal geen waarde aan.

CASUS 1

FUMIO SASAKI

MODELAPPARTEMENT VOOR EEN MINIMALIST

Toen ik mijn vorige appartement verliet, koos ik voor een eenvoudige studio van 20 m^2 met een keuken. Ik probeer hem in smetteloze staat te houden, een modelappartement voor een leven als alleenstaande minimalist.

CASUS 1

FUMIO SASAKI

Zo ziet mijn woning eruit als ik slaap. Ik gebruik een zogenaamde 'airy mattress' van Iris Ohyama, een must have voor Japanse minimalisten. Het zonlicht stroomt naar binnen door de ramen, waardoor wakker worden iets is om naar uit te kijken.

Ook al kook ik soms zelf, mijn servies beperk ik tot het minimum. Het heeft een minimalistisch ontwerp en afwassen gaat snel en gemakkelijk.

Een kijkje in mijn kledingkast, van een donzen jas tot een pak, wat witte overhemden en de paar broeken die erbij passen, in een eenvoudige stijl. Mijn doel is om een eigen uniform te creëren met een kenmerkende stijl, zoals Steve Jobs had.

Ik heb geen rekje in mijn badkamer voor badkamerspullen. Ik gebruik vloeibare zeep om mijn lichaam en haar te wassen, en als ik uit bad kom, droog ik me af met één kleine handdoek.

Ik heb de sleutels van mijn appartement en mijn fietssleutels vastgemaakt aan een dunne portemonnee van abrAsus. Ik stop deze portemonnee en mijn iPhone in mijn zak en kan zo naar buiten lopen als ik daar zin in heb.

CASUS 2

HIJI

HET APPARTEMENT VAN EEN PIONIER

Hiji is een van de eerste mensen die hebben geholpen de minimalistische beweging in Japan te verspreiden. Zijn eenvoudige zenachtige appartement bevat een aantal van de allernieuwste gadgets.

PROFIEL

Hiji werkt op dit moment als obligatiehandelaar. Hij is fan van *graphic novels* en van de popgroep Momoiro Clover Z en was een van de eerste minimalistische bloggers in Japan. Blog: *Mono o motanai minimarisuto* (Een minimalist die niets bezit) op minimarisuto.jp.

Hiji is een hardcore minimalist die niets laat rondslingeren. In de keuken staan alleen een koelkast, een rijstkoker en een magnetron.

De *airy mattress* werd een noodzaak voor minimalisten nadat Hiji hem voor het eerst had genoemd. Vouw hem op en leg het kussen erbovenop om er een 'matrasbank' van te maken.

Omdat hij niets bezit wat ruimte op de vloer inneemt, is er meer dan genoeg ruimte voor Hiji om bordspellen te spelen met zijn vrienden. *Carcassonne* is een van zijn lievelingsspellen.

Is dit een spaarzaam ingerichte kast of niet? Trek een Microsoft Surface Pro en een opklapstoel tevoorschijn, en het is meteen een kantoor.

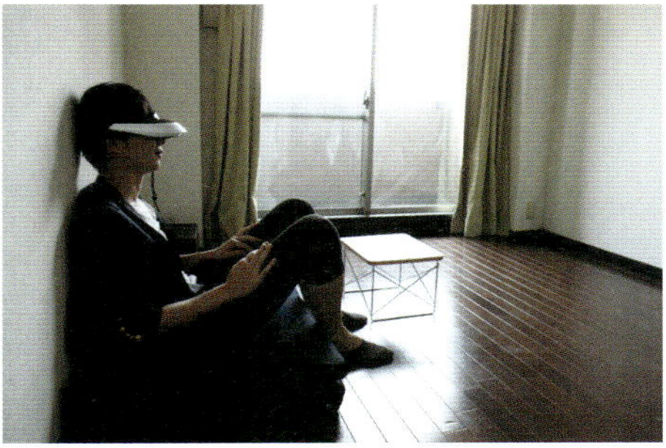

Hier zie je Hiji met een Sony-viewer op zijn hoofd. Hij heeft zijn televisie weggedaan, maar hij kan nog steeds naar zijn lievelingsprogramma's kijken: vooral horrorfilms zijn angstaanjagend als je ze op deze manier bekijkt.

CASUS 3

OFUMI EN TEE

EEN MINIMALISTISCH STEL DAT EEN COMFORTABEL LEVEN LEIDT

Ofumi en haar echtgenoot gooiden 130 kilo aan bezittingen weg toen ze verhuisden van een appartement van 70 m^2 naar een appartement van 44 m^2. Ze hebben hun lievelingsbezittingen gehouden, terwijl ze er een minimalistische levensstijl op na houden.

PROFIEL

Ofumi en Tee zeggen dat ze zich bewust werden van minimalisme op het moment dat ze een huis wilden bouwen. Ze hebben allebei een eigen blog: *Minimarisuto-biyori* (Een mooie dag voor een minimalist) op mount-hayashi.hatenablog.com en *Ourthe kita minimarisuto* (De late minimalist) op minimaltee.hateblo.jp. Ofumi is ook te vinden op Instagram, met het account @ofumi_3.

Een handgemaakte hangende rol van SOU SOU voegt sfeer toe aan deze spaarzame tatamikamer in Japanse stijl. Het stel zegt dat het een gevoel van eigenaarschap toevoegt aan hun huurwoning.

Ofumi houdt een geïllustreerd dagboek bij in haar Hobonichi Techo-planner en deelt die op haar blog. Het is leuk om naar de kleuren en de complexe compositie te kijken.

Hoewel geschenken van vrienden tot een minimum worden beperkt, worden ze met zorg tentoongesteld. Er wordt een mooi evenwicht bewaard tussen te spaarzaam en te druk.

De muur in de woonkamer wordt opgesierd door een handdoek van Mina Perhonen en een eenvoudige wandklok. Het staat leuk en toch creëert het een zentuinachtig gevoel van ruimte.

CASUS 4

YAMASAN

MINIMALISTISCH GEZINSLEVEN

Yamasans huis is een voorbeeld van hoe een gezin van vier mensen eenvoudig kan leven. Overal is het schoon en het is een ideaal huis om in te relaxen.

PROFIEL

Yamasan is een minimalistische supermama die met haar echtgenoot en twee kinderen in dit huis woont. Ze houdt van doe-het-zelfprojecten en streeft naar een mooie en ontspannen sfeer in haar huis. Haar blog, *Sukunai monode sukkiri kurasu* (Eenvoudig leven met weinig dingen), is te lezen op yamasan0521.hatenablog.com.

Yamasan houdt de achtertuin simpel. De essen bieden privacy en de houten schutting is door Yamasan zelf gemaakt.

Het gedeelte dat voorheen de 'gezinsbibliotheek' was, is leeggehaald en kan nu als multifunctionele ruimte worden gebruikt.

Het woongedeelte, waar het gezin bij elkaar komt, is het hart van Yamasans huis. Vanwege haar streven naar 'kleurminimalisme' gebruikt ze alleen zachte tinten.

Yamasans zomergarderobe bestaat uit acht kledingstukken in minimalistische kleuren. Ze geniet van de tijd die ze ervoor uittrekt om ze zorgvuldig te strijken.

De Japanse tatamikamer dient als slaapkamer. Alles in de kast is wit, zodat hij niet afleidt, zelfs niet als hij openstaat.

CASUS 5

KOUTA ITOU

EEN MINIMALISTISCHE GLOBETROTTER

Dit zijn de spullen die Kouta Itou gedurende een periode van vier jaar zorgvuldig en proefondervindelijk heeft uitgekozen. Met deze spullen kan hij zonder problemen de wereld rondreizen. Hij heeft slechts één rugzak nodig om uit te leven.

PROFIEL

Kouta is een jonge, minimalistische avonturier die de wereld rondreist met zijn betrouwbare MacBook Pro en overal waar hij komt muziek maakt. Zijn volledige lijst met bezittingen kan worden gevonden op zijn blog: *Minimalist Music Producer* op minimalist-music-producer.com.

1. MACBOOK PRO

Kouta kan overal waar hij is muziek componeren met behulp van zijn MacBook Pro.

2. SAWYER MINI

Een draagbaar hoogwaardig waterfiltersysteem dat schadelijke bacteriën verwijdert voor het geval je water moet drinken dat misschien niet schoon is.

3. REISPORTEMONNEE VAN GRANITE GEAR

Een duurzame, lichtgewicht portemonnee die gebruikt kan worden om er waardepapieren in te bewaren.

4. SLAAPZAK VAN MONTBELL

Een slaapzak van Down Hugger 800 model nr. 3 voor koud weer, als het niet mogelijk is om in een hangmat te slapen.

5. HANGMAT VAN HENNESSY

Een handige tent en hangmat ineen, die een slaapplek biedt zolang er ruimte is om hem op te hangen.

6. BLACK DIAMOND-HOOFDLAMP

Deze hoofdlamp werkt als een felle zaklantaarn maar ook als een gewone kamerlamp.

7. SPIBELT BASIC

Een riem die je om het lichaam draagt en die met je mee rekt, zodat je je waardevolle spullen altijd bij je kunt dragen.

8. SONY MDR-1ADAC

Deze hoofdtelefoon is voor echte audiofielen. Hij is compatibel met hoge resolutie audio en kan digitale datasignalen ontvangen.

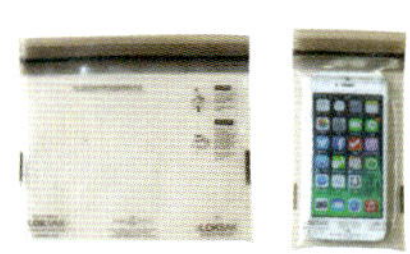

9. IPHONE EN LOKSAK

De multifunctionele iPhone is onmisbaar. Opgeborgen in een LOKSAK-hoesje is hij waterdicht tot op 60 meter diep en kan overal mee naartoe worden genomen.

10. SONY ALPHA NEX-5N

Een digitale spiegelreflexcamera van Sony. Kouta gebruikt er een Sigma 30 mm/F2.8 DN-lens bij

11. AMAZON KINDLE

Kouta's uitverkoren e-reader voor reizigersvriendelijk lezen.

12. SHMAGH (ARABISCHE SJAAL)

De veelzijdige *shmagh* kan dienen als sjaal, masker, muts, handdoek en zelfs als waterfilter.

13. WASLIJN

Een handige waslijn van Sea to Summit die compact is en zo ontworpen dat je kleren er niet van afglijden.

14. PASPOORT

Kouta bewaart zijn paspoort altijd in zijn LOKSAK, samen met zijn geld voor noodgevallen.

15. PAKJES MET VOORGEKOOKT ETEN

Kouta's lievelingsmaaltijd, Donbei-noedels, zit in een pakje, zodat er geen extra afval wordt geproduceerd.

16. MULTITOOL VAN LEATHERMAN

Kouta gebruikt het Leatherman Squirt PS4-model, dat allerlei gereedschap biedt, zoals een schaar, messen en een nagelvijl.

17. VOEDINGSKABELS EN BATTERIJOPLADERS

Kouta gebruikt een silnylon zakje van Eagle Creek om de kabels voor zijn digitale gadgets in te bewaren.

18. NOODDEKEN

Een deken die in noodgevallen kan worden gebruikt of gewoon wanneer Kouta het koud heeft. Hij is gemaakt door SOL, is glad en voelt niet ruw aan.

19. BOSE SOUNDLINK MINI

Deze bluetoothluidspreker is essentieel voor Kouta en biedt een betere geluidskwaliteit dan de meeste hoogwaardige stereo-installaties.

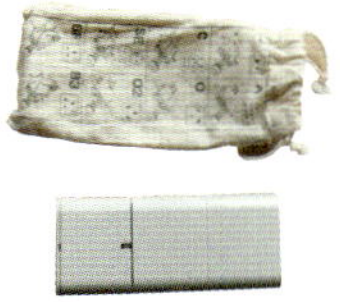

20. STEKKERADAPTER

Noodzakelijk als je naar het buitenland reist. Kouta gebruikt een adapter van Muji vanwege zijn minimalistische ontwerp.

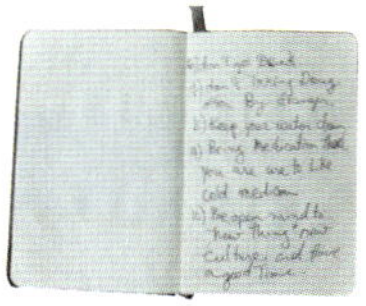

21. NOTITIEBOEK VAN MOLESKINE

Kouta gebruikt dit notitieboek als dagboek en verzamelt er opmerkingen in van de mensen die hij tijdens zijn reizen ontmoet.

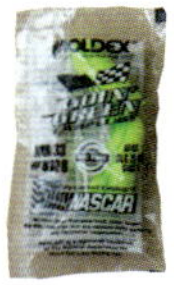

22. MOLDEX-OORDOPPEN

Deze oordoppen dempen allerlei soorten lawaai . Het Goin' Green-model biedt het beste beschermingsniveau.

23. ZEEPBLAADJES

Pocket Soap van Sea to Summit bevat zeepblaadjes voor eenmalig gebruik, waardoor het gemakkelijk wordt om op reis je was te doen.

24. REISKIT

Kouta bewaart spullen voor persoonlijke verzorging, een aansteker, een radio en andere spulletjes in deze reiskit.

Over de structuur van dit boek

In hoofdstuk 1 wordt een definitie van een minimalist gegeven en beschreven wat het precies betekent om er een te zijn. Ook bespreekt het enkele redenen waarom het aantal minimalisten de afgelopen jaren is toegenomen. In hoofdstuk 2 komt de vraag aan bod waarom we überhaupt zoveel spullen om ons heen verzamelen. Het hoofdstuk behandelt de gewoonten en verlangens die wij mensen hebben en welke betekenissen er zitten achter de voorwerpen die we hebben. Hoofdstuk 3 biedt elementaire regels en technieken om onze materiële bezittingen te verminderen. Ik heb methoden samengesteld om spullen weg te gooien, en ik voeg een extra lijst toe voor minimalisten die van nog meer dingen afscheid willen nemen. Verder beschrijf ik een remedie voor minimalisten die verslaafd raken aan dingen weggooien. Hoofdstuk 4 gaat over de veranderingen die ik onderging toen ik mijn hoeveelheid bezittingen tot een absoluut minimum terugbracht. Samen met de psychologische inzichten die ik heb verkregen biedt het een blik op de positieve dingen die ik heb ondervonden door minimalist te worden. Ik beschrijf ook waarom en hoe dit heeft bijgedragen aan mijn geluksgevoel. Hoofdstuk 5 biedt meer inzichten in waarom de veranderingen die ik heb doorgemaakt me gelukkig hebben gemaakt, en geeft een algemeen overzicht van wat ik onderweg over geluk heb geleerd.

Ik hoop dat je aan het begin van dit boek begint, zodat je een beter idee krijgt van wat minimalisme is, maar het is ook oké om de hoofdstukken in willekeurige volgorde te lezen, als je dat liever doet. Ik denk dat een snelle blik op hoofdstuk 3 zinvol is voor alle mensen die overwegen de hoeveelheid spullen die ze nu hebben te verminderen.

In dit boek heb ik minimalisme gedefinieerd als: (1) het terugbrengen van onze noodzakelijke spullen tot een minimum; en (2) een einde maken aan onmatigheid zodat we ons kunnen richten op de dingen die echt belangrijk voor ons zijn. Mensen die op die manier leven beschouw ik als minimalisten.

vaarwel spullen

Fumio Sasaki

Lev.

Oorspronkelijke titel
Goodbye, Things

First published in Japan as *Bokutachi ni mou mono wa Hitsuyou Nai* by Wani Books Co., Ltd 2015. English translation by Eriko Sugita with rights arranged with Wani Books Co., Ltd through Japan UNI Agency, Inc., Tokyo, and Gudovitz & Company Literary Agency.
Vertaling uit het Engels
Marike Groot en Sander Brink, GrootenBrink Vertalingen
Omslagontwerp
Pinta Grafische Producties
Omslagbeeld
© Getty Images / Westend61

ISBN 978 94 005 0910 8
NUR 770

Inhoud

Inleiding

Van minder bezitten word je gelukkig. Daarom is het tijd om afscheid te nemen van alle dingen die we niet nodig hebben.

Dat is de minimalistische versie van de boodschap die ik zou willen overbrengen in dit boek. Ik wil je laten zien hoe geweldig het is om minder te hebben, ook al is dat volkomen tegengesteld aan hoe we hebben geleerd gelukkig te zijn. We denken dat hoe meer we hebben, hoe gelukkiger we zullen zijn. We weten nooit wat ons morgen allemaal te wachten staat, dus verzamelen en bewaren we zo veel mogelijk.

Dit betekent dat we veel geld nodig hebben, dus beginnen we mensen te beoordelen aan de hand van de hoeveelheid geld die ze hebben. We beseffen dat geld het grootste deel van onze problemen oplost. Je kunt mensen zelfs van gedachten laten veranderen als je hun maar genoeg geld biedt. En als je de gedachten van mensen kunt kopen, kun je vast ook geluk kopen. Dus maak je jezelf wijs dat je veel geld moet verdienen om geen succes mis te lopen. Als jij geld wilt verdienen, moeten anderen hun geld uitgeven. Zo gaat dat maar door.

Laat me een beetje over mezelf vertellen. Ik ben vijfendertig jaar, man, alleenstaand, nooit getrouwd geweest. Ik werk als redacteur bij een uitgeverij. Ik ben onlangs verhuisd van de wijk Nakameguro in Tokio, waar ik tien jaar heb gewoond, naar een wijk die Fudomae heet, in een ander gedeelte van de stad. De huur is 67.000 yen (ongeveer 525 euro) per maand. Dat is 20.000 yen (ongeveer 160 euro) minder dan mijn vorige appartement, maar de verhuizing heeft bijna al mijn spaargeld opgeslokt.

Sommigen onder jullie zullen me misschien een loser vinden: een ongetrouwde volwassene die niet veel geld heeft. De oude ik zou zich ervoor geschaamd hebben om dit te vertellen. Ik zat vol nutteloze trots. Maar zulk soort dingen kunnen me niets meer schelen. De reden is heel simpel: ik ben volkomen gelukkig met hoe ik ben.

Tien jaar geleden wilde ik dolgraag het uitgeversvak in. Ik wilde een carrière waarin ik kon nadenken over grote ideeën en culturele waarden in plaats van altijd maar gefocust te zijn op geld en materiële voorwerpen. Maar dat aanvankelijke enthousiasme vervaagde gaandeweg. De uitgeverijwereld maakte een moeilijke periode door en als ons bedrijf wilde overleven, hadden we boeken nodig die in de eerste plaats goed verkochten. Als we geen commerciële boeken verkochten, zou het onmogelijk zijn om nog iets uit te geven, hoe cultureel en intellectueel waardevol we het zelf ook vonden. Geconfronteerd met de realiteit van het bedrijfsleven werd ik heel snel volwassen. De passie die binnen in me had gebrand toen ik bij het bedrijf kwam werken verminderde en uiteindelijk vond ook ik dat het allemaal om geld draaide.

Maar toen deed ik het grootste gedeelte van mijn materiële bezittingen weg en werd dat idee volkomen op zijn kop gezet.

Minimalisme is een manier van leven waarbij je je bezittingen terugbrengt tot het absolute minimum dat je nodig hebt. Leven als minimalist met de kale basisbenodigdheden levert niet alleen oppervlakkige voordelen op, zoals het plezier van een opgeruimde kamer of het eenvoudige gemak waarmee je schoonmaakt, het leidt ook tot een fundamentelere verschuiving. Het gaf me de kans om na te denken over wat het werkelijk betekent om gelukkig te zijn.

Ik heb vaarwel gezegd tegen heel veel dingen, waarvan ik er vele jarenlang heb gehad. Toch heb ik nu elke dag een beter humeur. Ik voel me tevredener dan ik me vroeger ooit heb gevoeld.

We willen allemaal gelukkig zijn. We werken allemaal hard op kantoor, aan onze studie, onze sport, het ouderschap of onze hobby's, want in wezen zijn we alleen maar op zoek naar geluk. De essentiële energie die ons drijft is het verlangen om gelukkig te zijn.

Ik ben niet altijd minimalist geweest. Vroeger kocht ik altijd veel dingen, en ik was ervan overtuigd dat al die bezittingen mijn zelfbeeld in positieve zin zouden veranderen en tot een gelukkiger leven zouden leiden. Zoals je kunt zien aan de foto's van mijn rommelige kamer aan het begin van dit boek, vond ik het heerlijk om heel veel onnodige spullen te verzamelen, en ik kon niets weggooien. Ik was van nature een verzamelaar en ik dacht dat al die spulletjes me tot een interessante persoon maakten.

Maar tegelijkertijd was ik mezelf altijd aan het vergelijken met andere mensen die meer of betere dingen hadden, en daar werd ik vaak ongelukkig van. Ik wist niet hoe ik het beter kon doen. Ik kon nergens op focussen en ik was altijd mijn tijd aan het verdoen. Ik begon zelfs spijt te krijgen dat ik de baan had aangenomen die ik zo graag wilde. Ik vluchtte in alcohol en ik behandelde vrouwen niet met respect. Ik probeerde niet te veranderen; ik dacht dat dit allemaal deel uitmaakte van wie ik was en dat ik het verdiende om ongelukkig te zijn.

Hier is een beschrijving van hoe mijn appartement er vroeger uitzag. Mijn kamer was niet afschuwelijk rommelig; ik kon hem zo aan kant maken dat hij er presentabel uitzag voor als mijn vriendin in het weekend langskwam. Ik probeerde een 'coole vibe' te scheppen door mijn favoriete decoratieve spullen uit te stallen, en het indirecte licht zorgde voor een uitnodigende sfeer. Maar op een doordeweekse dag lagen er overal stapels boeken omdat er niet genoeg ruimte was in mijn boekenkasten. De boeken van die stapels had ik een of twee keer doorgebladerd met de gedachte dat ik ze ooit zou gaan lezen als ik er tijd voor had.

De kledingkast was absoluut verboden terrein voor bezoekers: hij was volgepropt met mijn lievelingskleren. Zo nu en dan haalde ik er iets uit en overwoog ik het te dragen, maar dat deed ik uiteindelijk nooit. De meeste van die outfits droeg ik maar een paar keer, maar ze waren duur, dus bewaarde ik ze, met de gedachte dat als ik ze zou wassen en strijken ik ze misschien weer zou gaan dragen.

De kamer stond verder vol met allerlei dingen waar ik als hobby aan was begonnen en toen weer op uitgekeken raakte. Er stond een gitaar met versterker, bedekt met een laag stof. Werkboeken met Engelse conversatieles, waar ik van plan was uit te gaan studeren zodra ik meer tijd had. Ik had zelfs een fantastisch antiek fototoestel, waar ik uiteraard nog nooit een fotorolletje in had gedaan.

Omdat ik mijn belangstelling voor deze hobby's verloor, was er eigenlijk nooit iets wat ik wilde doen. Ik keek naar de televisie, speelde misschien een spelletje op mijn smartphone of ging wat drank halen bij de supermarkt en dronk dan de hele avond door, ook al wist ik dat ik daarmee op moest houden.

Ondertussen bleef ik mezelf met anderen vergelijken. Een studievriend van me woonde in een chic appartement in een nieuwe wijk in Tokio. Het had een flitsende hal en stijlvol Scandinavisch meubilair en mooi servies in de eetkamer. Wanneer ik hem opzocht, merkte ik dat ik in mijn hoofd aan het uitrekenen was hoeveel huur hij betaalde, terwijl hij me vriendelijk uitnodigde. Hij werkte voor een groot bedrijf, verdiende een goed salaris, was met zijn beeldschone vriendin getrouwd en ze hadden een heel mooi kindje gekregen, uitgedost in modieuze babykleding. Toen we nog studeerden leken we heel veel op elkaar. Wat was er gebeurd? Hoe kon het dat we zo ver uit elkaar waren gegroeid?

Of ik zag een smetteloos witte Ferrari cabriolet uitsloverig langsrazen. Die auto was waarschijnlijk twee keer zoveel geld waard als mijn appartement. Dan staarde ik schaapachtig naar de Ferrari terwijl die uit het zicht verdween, met één voet op het pedaal van mijn tweedehandsfiets, die ik voor 5.000 yen (ongeveer 40 euro) van een vriend had gekocht.

Ik kocht loten in de loterij, in de hoop dat ik in één klap de achterstand kon inhalen. Ik maakte het uit met mijn vriendin en vertelde haar dat ik geen toekomst voor ons zag vanwege mijn bedroevende financiële toestand. Al die tijd verborg ik zorgvuldig mijn minderwaardigheidscomplex en deed ik net alsof er niets mis was met mijn leven. Maar ik was diep ongelukkig en ik maakte ook andere mensen ongelukkig.

Ik ben blij dat ik veel van mijn bezittingen heb weggegooid. Ik begon een nieuw persoon te worden.

Het klinkt misschien alsof ik overdrijf. Iemand zei ooit tegen me: 'Je hebt alleen maar spullen weggedaan,' en dat klopt. Ik heb nog niet veel bereikt en er is niets waar ik echt trots op kan zijn, tenminste niet op dit punt in mijn leven. Maar één ding weet ik wel: doordat ik minder spullen om me heen heb, voel ik me elke dag gelukkiger worden. Ik begin langzaam te begrijpen wat geluk is.

Als jij ook maar een beetje lijkt op hoe ik vroeger was – ongelukkig, altijd maar bezig jezelf te vergelijken met anderen of als je er gewoon van overtuigd bent dat je leven klote is – denk ik dat je een deel van je spullen moet wegdoen. Ja, natuurlijk bestaan er mensen die zich nooit hebben gehecht aan materiële bezittingen, of zeldzame genieën die zich goed kunnen voelen te midden van de chaos van hun bezittingen. Maar ik wil me richten op de manier waarop gewone mensen zoals jij en ik de echte geneugten van het leven kunnen vinden. Iedereen wil gelukkig zijn. Proberen geluk te kopen maakt ons maar heel even gelukkig en we raken het spoor kwijt als het op echt geluk aankomt.

Na wat ik heb meegemaakt, denk ik dat afscheid nemen van je spullen meer is dan een oefening in opruimen. Ik denk dat het een oefening is in nadenken over echt geluk.

Misschien klinkt dat hoogdravend. Maar ik denk dat het waar is.

We willen liever anderen doen geloven
dat we gelukkig zijn dan zelf proberen
gelukkig te zijn.

FRANÇOIS DE LA ROCHEFOUCAULD

Je bent je werk niet. Je bent niet hoeveel geld er
op je bankrekening staat. Je bent niet de auto waarin
je rijdt. Je bent niet de inhoud van je portemonnee.
Je bent verdomme niet je kleding.

TYLER DURDEN, *FIGHT CLUB*

Geluk is niet hebben wat je wilt,
maar willen wat je hebt.

RABBI HYMAN SCHACHTEL

1

Waarom minimalisme?

Iedereen is begonnen als minimalist

Als je er goed over nadenkt, worden mensen niet geboren met materiële bezittingen in hun handjes.

Iedereen is ooit begonnen als minimalist. Onze waarde bestaat niet uit de som van onze eigendommen. Bezittingen kunnen ons maar voor korte tijd gelukkig maken. Onnodige bezittingen zuigen onze tijd, onze energie en onze vrijheid op. Ik heb het idee dat minimalisten zich dat realiseren.

Iedereen kan zich het heerlijke, inspirerende gevoel voorstellen dat je krijgt van opruimen en minimaliseren, zelfs als er op dit moment overal in je huis hele bergen spullen liggen. Dat komt doordat we dit allemaal weleens hebben meegemaakt. Stel je bijvoorbeeld maar eens voor dat je op reis gaat.

Voordat je de deur uit gaat, ben je waarschijnlijk tot het laatste moment bezig met pakken. Je leest je checklist met voorwerpen die je mee wilt nemen nog eens door en hoewel het er allemaal goed uitziet, kun je het gevoel niet van je afzetten dat je iets vergeten bent. Maar de klokt tikt door en het is tijd om te gaan. Je geeft het op, staat op, doet de deur achter je op slot en rolt je koffer over de stoep, met een vreemd gevoel van vrijheid. Op dat moment denk je dat je echt een tijdje zou kunnen leven met wat er in die ene koffer zit. Misschien ben je iets vergeten mee te nemen, maar ach, je kunt alles wat je nodig hebt kopen, waar je ook heen gaat.

Je komt aan op je bestemming en gaat op het fris opgemaakte bed liggen, of de tatami als het toevallig een hotel in Japanse stijl is. Dat voelt goed. De kamer is schoon en opgeruimd. Je wordt niet omringd door al die dingen die je gewoonlijk afleiden, de spullen die zoveel van je aandacht opeisen. Daarom voelt het vaak zo fijn om in een hotelkamer te zijn. Je zet je koffer neer en gaat naar buiten om een wandelingetje te maken door de buurt. Je voelt je licht, alsof je altijd door zou kunnen blijven lopen. Je hebt de vrijheid om overal naartoe te gaan waar je maar wilt. Je hebt alle tijd van de wereld en je gaat niet gebukt onder huishoudelijke taken of de verantwoordelijkheden van je werk.

Dit is een minimalistische toestand en de meesten van ons hebben hem ooit weleens ervaren. Het omgekeerde is echter ook waar.

Beeld je je vlucht terug naar huis eens in. Hoewel je spullen netjes in je koffer waren ingepakt voordat je aan je reis begon, is alles er nu in een grote hoop in samengepropt. De souvenirs die je hebt gekocht passen niet in je koffer, dus draag je ook nog een paar grote papieren tassen. De toegangskaartjes en bonnetjes van de toeristenattracties die je hebt bezocht; die ga je later toch nog een keer uitzoeken? Daarom zitten ze nog steeds in je zakken gepropt. Je staat in de rij voor de paspoortcontrole en het is tijd om je boardingpass tevoorschijn te halen. O jee, waar heb je die gelaten? Je begint overal te zoeken maar je kunt hem niet vinden. Je komt steeds dichter bij het begin van de rij en je raakt steeds gefrustreerder. Je kunt de ijzige blikken van de andere mensen in de lange rij achter je al voelen, alsof je in je rug geprikt wordt met spelden en naalden.

Dit is een maximalistische toestand. Dit soort stressvolle situaties doet zich voor wanneer je opgezadeld bent met meer voorwerpen dan je aankunt. Je kunt niet onderscheiden wat echt belangrijk is en wat niet.

Door ons verlangen om meer te hebben, besteden we ongemerkt steeds meer tijd en energie aan het organiseren en onderhouden van alles wat we hebben. We doen daar zoveel moeite voor dat de dingen die ons hadden moeten helpen ons uiteindelijk beheersen.

Tyler Durden verwoordde het heel goed in de film *Fight Club*: 'De dingen die je bezit nemen uiteindelijk bezit van jou.'

Een dag uit mijn leven voordat ik minimalist werd

Vroeger, toen ik nog veel bezittingen had, zag een typische dag in mijn leven er als volgt uit: ik kwam thuis van mijn werk, trok lukraak mijn kleren uit en liet die liggen waar ik toevallig was op dat moment. Dan ging ik douchen, waarbij ik altijd de barst in de wasbak in de badkamer zag die nodig gerepareerd moest worden. Ik zette de tv aan om de programma's die ik had opgenomen of de films die ik had gehuurd te bekijken en trok een blikje bier open. Wijn dronk ik pas later op de avond en het kwam ook wel voor dat ik een fles te snel op had, waarna ik me naar de dichtstbijzijnde supermarkt moest reppen om een nieuwe te kopen, terwijl ik al dronken was.

Ik heb ooit een mooie spreuk gehoord: *Drank is geen geluk, maar een tijdelijke onderbreking van ellende.* Zo was het bij mij ook. Ik wilde vergeten hoe ongelukkig ik was, al was het maar voor even.

De volgende ochtend werd ik dan chagrijnig wakker en had ik geen zin om uit bed te komen. Ik sloeg elke tien minuten op de sluimerknop van mijn wekker totdat de zon hoog aan de hemel stond zodat ik me moest haasten om naar mijn werk te gaan. Ik was dan nog steeds moe en had een barstende koppijn, omdat ik alweer te veel had gedronken. Zittend op de wc kneep ik in het vet van mijn buik, terwijl ik deed wat gedaan moest worden. Dan deed ik de wasdroger open en trok het gekreukte Uniqlo-overhemd eruit dat ik er de vorige avond in had gegooid, trok het aan, terwijl ik een vluchtige blik wierp op de kleren die ik nog moest wassen, en ging de deur uit.

Ik reisde naar mijn werk, totaal verveeld omdat ik elke dag weer dezelfde rit moest maken. Op mijn werk ging ik meteen online en bezocht een anoniem forum om de tijd te doden, omdat ik wist dat ik me 's ochtends vroeg niet meteen op mijn werk kon concentreren. Ik checkte voortdurend mijn e-mail en antwoordde ogenblikkelijk, alsof dat op de een of andere manier liet zien dat ik heel goed was in mijn werk. Intussen bleef ik de hele tijd het echt belangrijke werk voor me uit schuiven. Aan het einde van de werkdag verliet ik het kantoor, niet omdat ik alles af had wat af moest, maar gewoon omdat het tijd was om naar huis te gaan.

In mijn preminimalistische tijd had ik allerlei smoezen. Ik heb moeite met opstaan omdat ik tot laat heb doorgewerkt. Ik ben dik omdat dat in mijn genen zit. Ik zou meteen aan het werk kunnen gaan als ik betere leefomstandigheden had. Ik heb thuis geen ruimte om al mijn spullen te laten, dus wat kan ik eraan doen dat het een rotzooi is? Ik huur mijn huis alleen maar (alsof ik een huis zou kunnen kopen), dus wat heeft het voor zin om te proberen het schoon te maken? Natuurlijk zou ik het schoonhouden als het een ruim huis was dat ook echt van mij was, maar met mijn beperkte salaris kan ik niet naar een groter huis verhuizen.

De smoezen waren onuitputtelijk en de gedachten die door mijn hoofd gingen waren allemaal negatief. Ik zat vast in die manier van denken en toch was ik, vanwege mijn zinloze trots, zo bang om te falen dat ik geen enkele actie ondernam om iets te veranderen.

Een dag uit mijn leven als minimalist

Sinds ik mijn bezittingen heb geminimaliseerd, is mijn leven drastisch veranderd. Ik kom thuis uit mijn werk en ga in bad. Ik zorg er altijd voor dat de badkuip helemaal schoon is als ik klaar ben. Na het baden kleed ik me om in mijn lievelingsoutfit om thuis in te ontspannen. Aangezien ik mijn tv de deur uit heb gedaan, lees ik in plaats daarvan een boek of schrijf ik. Ik drink niet meer in m'n eentje. Ik ga naar bed nadat ik wat rekoefeningen heb gedaan, waarbij ik de ruimte gebruik die vroeger volstond met mijn spullen.

Ik sta tegenwoordig op als de zon opkomt en hoef niet meer te vertrouwen op mijn wekker. Nu al mijn materiële voorwerpen weg zijn, worden de stralen van de ochtendzon weerkaatst door het witte behang zodat ze mijn appartement opvrolijken. Zelfs gewoon 's ochtends opstaan, wat in het verleden heel moeilijk voor me was, is nu een aangename activiteit geworden. Ik berg mijn futon op. Ik neem de tijd om te genieten van mijn ontbijt en van de espresso die ik maak met mijn percolator, en ik was het ontbijtservies meteen na het eten af. Ik ga zitten en mediteer om mijn geest leeg te maken. Ik stofzuig mijn appartement. Ik doe de was als het lekker weer is. Ik trek kleren aan die netjes opgevouwen zijn en verlaat met een goed gevoel mijn appartement. Tegenwoordig geniet ik ervan om elke dag volgens dezelfde route naar mijn werk te reizen; zo kan ik de veranderingen van de vier seizoenen goed waarnemen.

Ik kan nauwelijks geloven hoezeer mijn leven is veranderd. Ik heb mijn bezittingen weggedaan en nu ben ik echt gelukkig.

De dingen die ik heb weggegooid

Ik zal je vertellen welke dingen ik heb weggegooid.

- Al mijn boeken, inclusief mijn boekenkasten. Ik moet minstens een miljoen yen (ongeveer 8.000 euro) aan die boeken hebben uitgegeven, maar ik heb ze verkocht voor 20.000 yen (ongeveer 160 euro).

- Mijn gettoblaster en al mijn cd's. Ik moet toegeven dat ik vroeger pretendeerde een expert te zijn in allerlei soorten muziek, ook al vond ik ze eigenlijk helemaal niet zo interessant.
- Een grote keukenkast die om de een of andere reden helemaal vol zat, ook al woonde ik alleen.
- Een verzameling antieke voorwerpen die ik in het wilde weg had gekocht op allerlei veilingen.
- Dure kleren die me niet pasten, maar waarvan ik dacht dat ik ze weer zou gaan dragen wanneer ik was afgevallen... ooit.
- Een volledige camera-uitrusting. Ik had zelfs een donkere kamer ingericht. Waar sloeg dat op?
- Allerlei gereedschap om mijn fiets te onderhouden.
- Een elektrische gitaar en versterker, allebei bedekt met een laag stof. Ze slingerden nog steeds rond in mijn huis, omdat ik niet wilde toegeven dat mijn poging om een fantastische muzikant te worden was mislukt.
- Een bureau en een eettafel, allebei veel te groot voor een vrijgezel. Ook al nodigde ik geen mensen bij me thuis uit, toch had ik het verlangen om een warme maaltijd met iemand te delen.
- Een Tempur-Pedic-tweepersoonsmatras, ontzettend comfortabel maar ook ontzettend zwaar.
- Een 42-inch tv die duidelijk niet op zijn plaats was in mijn kamer van 10 m², maar waaraan je zogenaamd kon zien dat ik een echte filmliefhebber was.
- Een volledige geluidsinstallatie om van mijn tv een thuisbioscoop te maken en een PS3.
- Pornofilms die ik op mijn harddrive had bewaard. Misschien had ik wel de meeste moeite om hier afstand van te doen.

- Rolletjes en rolletjes met ontwikkelde negatieven, op elkaar gestapeld en aan elkaar vastgeplakt.
- Dierbare brieven die ik al bewaarde sinds de kleuterschool.

Omdat ik het moeilijk vond om zomaar mijn spullen weg te doen, nam ik foto's van alles wat ik weggooide. Ik maakte ook foto's van de omslagen van al mijn boeken. Er moeten wel drieduizend foto's op mijn harddrive staan.

Als ik er nu aan denk, bezat ik toen alles wat ik nodig had: een grote tv, een prachtig geluidssysteem voor bij de tv, een computer, een iPhone, een comfortabel bed en nog veel meer. Maar ook al was aan alle levensbehoeften voldaan, toch bleef ik maar nadenken over wat er ontbrak in mijn leven.

Ik zou in stijl met mijn vriendin films kunnen kijken als ik maar een leren tweezitsbank had. (Dan zou ik terloops een arm om haar heen kunnen slaan tijdens de film.) Ik zou waarschijnlijk intelligent overkomen als ik een boekenkast had die van de grond tot het plafond reikte. Ik zou vrienden kunnen uitnodigen voor feestjes als ik een prachtig dakterras had. Alle appartementen die ik in tijdschriften zag hadden dat soort dingen, maar het mijne niet. Had ik ze maar, dan zouden mensen me tenminste een keer opmerken.

Het waren juist die dingen die ik níét had die tussen mij en mijn geluk stonden. Zo dacht ik in die tijd.

Waarom ik minimalist werd

Mensen worden om verschillende redenen minimalist. Je hebt mensen bij wie het leven ontspoort als gevolg van de effecten van hun materiële bezittingen. Je hebt anderen die stinkend rijk zijn maar nog steeds ongelukkig, ondanks de hoeveelheid spullen die ze hebben verzameld. Sommige mensen doen hun bezittingen beetje bij beetje weg elke keer dat ze verhuizen. Anderen nemen afscheid van hun spullen in een poging uit een depressie te raken. En dan heb je mensen die anders zijn gaan denken over spullen nadat ze een natuurramp hebben meegemaakt.

Ik ben een klassiek voorbeeld van het eerste type. Ik ben minimalist geworden in reactie op mijn veel te volgestouwde zwijnenstal. Ik kon nooit iets weggooien. Ik was dol op alle dingen die ik had verzameld.

Stel bijvoorbeeld dat iemand een briefje voor me had achtergelaten op mijn werk waarop stond dat iemand voor me had gebeld. Alleen al de gedachte dat die persoon de tijd en moeite had genomen om dat briefje te schrijven, maakte het onmogelijk voor me om het weg te gooien.

Toen ik naar Tokio verhuisde vanuit mijn geboorteplaats in de prefectuur Kagawa, had ik alleen maar de hoogstnoodzakelijke dingen in mijn appartement. Maar omdat ik niets weg kon gooien werd het langzamerhand één groot puinzooipaleis. En ik had voor alles een goede verklaring.

Ik hield ervan om foto's te maken. Ik wilde dierbare momenten vastleggen en ze me eigen maken. Ik wilde alles bewaren wat ooit een geliefde herinnering zou kunnen worden.

De boeken die ik had gelezen maakten min of meer deel van me uit, dus natuurlijk kon ik daar ook geen afstand van doen. Ik wilde mijn lievelingsfilms en -muziek met anderen delen. Er waren altijd hobby's die ik zou willen beginnen wanneer ik een keer tijd zou hebben.

Ik kon niks duurs weggooien. Dat zou zonde zijn. Alleen maar omdat ik iets op dat moment niet gebruikte, betekende dat nog niet dat ik het nooit zou gebruiken.

Dit zijn maar een paar voorbeelden van de manier waarop ik dacht, terwijl ik spullen bleef verzamelen.

Het was precies het tegenovergestelde van hoe ik me nu voel. Ik was een maximalist, vastbesloten om alles te bewaren, om de coolste, grootste, zwaarste dingen te kopen die ik me kon veroorloven.

En terwijl mijn bezittingen steeds meer ruimte innamen, begon ik erdoor overweldigd te raken. Ik besteedde al mijn energie aan mijn voorwerpen, terwijl ik mezelf haatte vanwege het feit dat ik er geen goed gebruik van wist te maken. Hoeveel spullen ik ook verzamelde, mijn aandacht bleef gefocust op de dingen die ik niet had. Ik werd jaloers op andere mensen. Maar ik kon nog steeds niets weggooien en dus zat ik gevangen in een vicieuze cirkel van zelfverachting.

Door me van mijn spullen te ontdoen brak ik uiteindelijk door die toestand heen. Als je ook maar een beetje lijkt op hoe ik was – ontevreden over je leven, onzeker, ongelukkig – probeer dan de hoeveelheid bezittingen terug te brengen. Je zult merken dat je begint te veranderen.

Het feit dat je niet gelukkig bent, is niet gewoon maar het gevolg van genen of van een trauma uit het verleden of problemen in je carrière. Ik geloof dat een deel ervan eenvoudigweg een gevolg is van de last van onze spullen.

Vroeger waren Japanners minimalisten

We worden allemaal geboren als minimalisten, maar wij – Japanners – leidden vroeger ook nog eens een minimalistisch leven. Buitenlanders die naar Japan kwamen voordat we geïndustrialiseerd raakten, waren geschokt. Het is tegenwoordig misschien moeilijk voor te stellen, maar de meeste mensen bezaten twee of drie kimono's, die altijd fris en schoon werden gehouden. Dat was hun hele garderobe. Ze namen weinig mee op reis, hun benen waren sterk en overal waar ze naartoe moesten, konden ze lopen. Huizen waren eenvoudige bouwwerken die snel herbouwd konden worden en mensen woonden over het algemeen niet hun hele leven op dezelfde plek. De Japanse cultuur was vroeger minimalistisch.

Laten we als voorbeeld eens naar de Japanse theeceremonie kijken. Er is niets buitensporigs aan een ruimte voor een theeceremonie. Er zit een klein deurtje in de ruimte dat dienstdoet als ingang en je kunt er onmogelijk doorheen als je gewichtig met je borst vooruitgestoken loopt. Zelfs samoeraikrijgers uit vroeger tijden mochten geen zwaard meenemen naar een theeceremonieruimte. Het maakte niet uit wie je was en dat geldt nog steeds. Iedereen is welkom in de ruimte. Of je nou een vip bent of rijk of arm, dit is gewoon een ruimte waar mensen kunnen genieten van de smaak van een kop thee en van gedachten kunnen wisselen met elkaar.

Minimalisme opnieuw ingevoerd in Japan

Er bestaat een interessant verband tussen het Amerikaanse bedrijf Apple en de minimalistische cultuur van Japan. Veel minimalisten zijn dol op de producten van Apple en op de oprichter van Apple, Steve Jobs.

Bij de producten die Jobs ontwierp, vermeed hij altijd overdadigheid. De iPhone heeft maar één knop, en je hoeft niet bang te zijn dat je blijft zitten met een hoop extra snoertjes en poorten wanneer je een Mac koopt. Bij producten van Apple zit gewoonlijk geen gebruiksaanwijzing. Ik geloof dat dat allemaal het gevolg is van het feit dat Jobs een minimalist was en het was bekend dat hij een aanhanger was van de Japanse zen, dat minimalisme onderwijst.

Het is algemeen bekend dat Steve Jobs Meester Kobun Otogawa van de Sōtō-stroming als zijn meester beschouwde en dat hij er op een gegeven moment serieus over dacht om zen te gaan studeren in de Eiheiji-tempel, diep in de bergen aan de kust van de Japanse Zee.

Van Jobs wordt gezegd dat hij er geen moeite mee had zijn stem te verheffen als iets hem niet aanstond en hij was niet iemand die van compromissen hield. Hij hield niet van overbodige spullen en hij hield niet van complicaties. Het is interessant om te fantaseren over het feit dat de Japanse cultuur misschien wel deel uitmaakt van de basisgedachte achter een van de grootste bedrijven ter wereld. Vandaag de dag is het percentage bezitters van een iPhone bijzonder hoog in Japan, wat betekent dat onze minimalistische cultuur, via Steve Jobs, weer opnieuw ingevoerd is in ons land.

De definitie van een minimalist

Wat is de definitie van een minimalist? Hoe ver moet je gaan in het terugdringen van je materiële bezittingen om jezelf een minimalist te noemen? Het is moeilijk om een exacte definitie van een minimalist te geven, omdat er altijd wel elementen zijn die uiteindelijk zullen ontbreken, maar mijn definitie van een minimalist is: een persoon die weet wat werkelijk essentieel is voor hem of haar, die het aantal bezittingen dat hij of zij heeft terugdringt ten gunste van dingen die werkelijk belangrijk voor hem of haar zijn.

Er zijn geen vaste regels. Het is niet zo dat je gediskwalificeerd wordt als je een tv bezit of als je meer dan honderd bezittingen hebt, of dat je pas een minimalist zou kunnen worden als je die voorwerpen gewoon weg zou doen. Je bent niet eens per se een minimalist alleen maar omdat al je bezittingen in één enkele koffer gepropt kunnen worden.

Mensen hebben verschillende benaderingen om naar hun leefomgeving te kijken. Satoshi Murakami leeft als een nomade en draagt zijn zelfgebouwde huis van piepschuim met zich mee. Keigo Sakatsume heeft geen huis en woont in de openlucht met een grote boodschappentas als zijn enige bezit.

Ik heb het idee dat minimalisten mensen zijn die weten wat werkelijk noodzakelijk voor hen is, die weten welke spullen ze alleen maar willen hebben om indruk te maken op anderen, en ze zijn niet bang om drastisch het mes te zetten in alles van de tweede categorie.

Welke dingen belangrijk voor jou zijn zal variëren van persoon tot persoon. Het proces van het terugdringen van je voorwerpen zal ook van persoon tot persoon anders verlopen. Ik denk dan ook niet dat er één goed antwoord is op de vraag wat iemand tot een minimalist maakt.

Minimalisme is geen doel

Het verminderen van het aantal bezittingen dat je hebt is geen doel op zich. Ik geloof dat minimalisme een methode is waarmee mensen de spullen kunnen vinden die werkelijk belangrijk voor hen zijn. Het is een proloog voor het scheppen van je eigen unieke verhaal. In dit boek zou ik graag willen laten zien van welke dingen ik mij bewuster ben geworden door het merendeel van mijn materiële bezittingen weg te doen.

Ik wil het ook hebben over minimalisme met betrekking tot andere dingen dan materiële objecten. In het drukke bestaan van tegenwoordig is alles zo ingewikkeld dat minimalisme, dat aanvankelijk alleen betrekking had op voorwerpen, zich ook uitbreidt naar andere gebieden.

Minimalisme is een poging om de hoeveelheid spullen die niet essentieel zijn terug te dringen zodat we de spullen die ons echt dierbaar zijn des te beter kunnen waarderen.

Het is een eenvoudig idee dat we kunnen toepassen op elk facet van ons leven.

Wie is de ultieme minimalist?

Er bestaan verschillende meningen over wanneer minimalisme voor het eerst is begonnen, wie de term bedacht zou hebben en wie de ultieme minimalist was. Ik weet niet of de vraag er erg toe doet, maar het is intrigerend om erover na te denken.

Volgens mij was Steve Jobs een voorbeeld van een perfecte minimalist. Moeder Teresa was er ook een. Ik heb gehoord dat toen ze overleed, het enige wat ze naliet een versleten sari, een vest, een oude tas en een paar afgedragen sandalen was. Van Mahatma Gandhi, een man die voorstander was van niet-bezitten, werd ook gezegd dat hij een zeer karige woonruimte achterliet. Denk ook eens aan de Griekse filosoof Diogenes van Sinope. De enige bezitting van Diogenes was de lap stof die hij droeg, en hij had ook een houten kom, die hij op een dag stuksloeg toen hij een boerenjongen een kommetje van zijn handen zag vormen om daaruit te drinken.

Zoals je ziet bestaat minimalisme al een aardige tijd. Diogenes zou weleens de ultieme minimalist kunnen zijn – één lap stof is moeilijk te overtreffen – maar we hoeven niet tot zulke uitersten te gaan om het comfort te ervaren dat minimalisme ons kan geven.

Danshari en de opkomst van het moderne minimalisme

Rond 2010 begonnen bepaalde ideeën de kop op te steken in Japan:

1. danshari, de kunst van het opruimen, wegdoen en afstand doen van je bezittingen
2. het 'eenvoudige leven'
3. werken en denken als een nomade

Het boek *Opgeruimd! De manier om orde en rust in je leven te brengen* van Marie Kondo kwam in 2010 uit en was een enorme hit. Sindsdien zijn er in Japan vele minimalisten opgestaan. Naar mijn bescheiden mening vond er op de achtergrond een aantal processen plaats die hiertoe hebben geleid:

1. een overdaad aan informatie en materiële zaken
2. de ontwikkeling van technologieën en diensten die het ons mogelijk maken om met veel minder bezittingen te leven dan in het verleden mogelijk was
3. de zware zeebeving bij Sendai (in Japan) van 2011

Ik ben ervan overtuigd dat deze sleutelfactoren mensen ertoe hebben aangezet om opnieuw na te gaan denken over hoe ze leefden. Laten we ze eens een voor een bekijken.

Meer informatie dan je aankunt

Ten eerste is er de overdaad aan informatie en aan materiële zaken. Of je het nou leuk vindt of niet, globalisering is een belangrijk onderdeel van onze samenleving geworden. We hoeven alleen maar op onze smartphone te kijken om het nieuws uit alle hoeken van de wereld te zien. We kunnen alles kopen wat we willen hebben op internet, waar ook ter wereld. We kunnen televisieprogramma's uit welk land ter wereld ook kijken, om nog maar te zwijgen over het aantal buitenlandse radiozenders waar we naar kunnen luisteren.

Het lijkt wel alsof al mijn vrienden essayist of culinair journalist of misschien buitenlandcorrespondent zijn geworden als ik denk aan alle actuele informatie die ze me sturen van waar ter wereld ze zich ook bevinden, via Twitter, Facebook en LINE. En het zijn niet alleen vrienden; je kunt sociale media gebruiken om te genieten van een eindeloze stroom content die wordt gepost door mensen van over de hele wereld.

Volgens gegevens uit 2014[1] worden er elke minuut 306 uur aan video's geüpload naar YouTube, 433.000 tweets gepost op Twitter en 50.000 apps gedownload van de App Store. De hoeveelheid informatie die we binnen handbereik hebben neemt met ongelooflijke snelheid toe. Ik heb ergens gehoord dat iemand in Japan tegenwoordig op één dag net zoveel informatie ontvangt als iemand in de Edo-periode, het Japanse tijdperk dat loopt van 24 maart 1603 tot 3 mei 1868, in een jaar ontving, zo niet tijdens zijn hele leven.

Mensen zijn net vijftigduizend jaar oude stukken hardware

Ik heb weleens gehoord dat wij mensen lijken op hardware die al vijftigduizend jaar niet is veranderd. Denk eens aan alles wat er is veranderd sinds de Edo-periode, nog maar vier eeuwen geleden, en bedenk dat we daar allemaal mee moeten omgaan, met hersenen die vijftigduizend jaar oud zijn!

Het is niet zo dat een bedrijf als Apple met een slimme innovatie kan komen en op een dag tegen ons kan zeggen: 'We hebben nog eens nagedacht over de functies van de mens, en we hebben een nieuw ontwerp gemaakt. Onze hersenen functioneren 30 procent sneller dan de oude versie en onze geheugencapaciteit is verdubbeld. Onze lengte is met drie centimeter toegenomen en ons gewicht met twee kilo afgenomen. Dames en heren, dit is het moment waar jullie allemaal op hebben gewacht: hier is "iHuman2"!'

---

1 'In an Internet Minute—2013 vs. 2014,' Tech Spartan, bezocht op 7 oktober 2016, http://www.techspartan.co.uk/features/internet-minute-2013-vs-2014-infographic/.

Zonder een dergelijke upgrade kunnen we niet anders dan onze oude hardware vullen met te veel informatie en te veel dingen. De beperkte ruimte op onze harddisk wordt bedolven onder onnodige informatie. Ons kostbare geheugen wordt opgeslokt door hoe anderen ons zien en wordt voor het grootste deel gebruikt voor het najagen van spullen en het organiseren ervan. We wenden ons tot allerlei soorten entertainment voor tijdelijke verlichting. En uiteindelijk wordt zelfs dat te overweldigend en geven we ons over aan de gemakkelijkste en meest hersenloze afleidingen, zoals spelletjes op onze smartphone, roddels en alcohol. Ik kan erover meepraten, want dat zijn precies de dingen waar ik me mee inliet.

Ik was net een langzame computer die de hele tijd in een kringetje ronddraaide

Vroeger was ik zo'n langzame computer waarbij het icoontje voor 'laden' wel een eeuwigheid leek rond te draaien. Ik zat tot over mijn oren begraven in de informatie en zelfs als ik eens iets nieuws wilde proberen, moest er zoveel tegelijk gebeuren dat ik waarschijnlijk meteen zou zijn gecrasht. Dat is ook de reden waarom ik in die tijd alleen maar in staat was tot het uitvoeren van eenvoudige, laaggeschoolde taken.

Er wordt gezegd dat er in de loop van de dag ongeveer zestigduizend verschillende gedachten door het hoofd van een mens gaan. 95 procent daarvan bestaat uit dezelfde gedachten als die van de dag ervoor, en men denkt dat 80 procent van die gedachten negatief is.

In de tijd dat ik maximalist was, was ik bang voor mijn toekomst. Ik maakte me voortdurend zorgen over mijn carrière en over hoe anderen me zagen. Vergeet die 80 procent maar waar ik het zo-even over had; vrijwel al mijn gedachten waren negatief.

Dus hoe zorg je ervoor dat zo'n langzame computer weer goed gaat functioneren? Aangezien onze vijftigduizend jaar oude harddrive niet gaat veranderen, moeten we de ballast zien kwijt te raken. In plaats van steeds meer toe te voegen, waardoor we schijfruimte tekortkomen en onszelf daarbij ook nog eens uitputten, geloof ik dat het tijd is om te gaan verminderen en bijschaven, om de echt belangrijke dingen die diep onder al die overdaad verborgen liggen beter uit te laten komen.

We kunnen alles op onze smartphone doen

Het tweede waar ik op wil wijzen is dat we dankzij de technologische vooruitgang en de allernieuwste diensten die tot onze beschikking staan nu prima kunnen leven zonder dat we veel spullen bezitten.

De uitvinding van de smartphone betekent dat we een mobiele telefoon, een camera, een tv, een geluidsinstallatie, een spelletjescomputer, een horloge, een agenda, een zaklantaarn, een routekaart of zelfs een notitieblok allemaal in één rechthoekig voorwerp bij ons kunnen dragen. Het is ook een kompas, een dienstregeling voor de trein, een woordenboek, een dikke catalogus van een postorderbedrijf, een chequeboek of een vliegticket. De eerste iPhone werd in 2007 in Japan uitgebracht. Ik geloof dat de uitvinding van de smartphone de weg bereidde voor alle minimalisten die we tegenwoordig om ons heen zien. Hoe krachtdadig minimalisten hun bezittingen ook wegdoen, hun smartphone is vaak een van de laatste items die weggedaan worden (als hij al weggedaan wordt), omdat het overduidelijk is dat hij een heleboel verschillende functies heeft.

Meer technologie helpt ons om te minimaliseren

Ik heb al verteld dat ik altijd veel belangstelling heb gehad voor fotograferen. Ik ging nooit de deur uit zonder een compactcamera in mijn tas en de negatieven en afdrukken die ik ontwikkelde, namen behoorlijk veel plek in in mijn kast. Toen ik mijn danshari doorzette, was mijn scanner absoluut onmisbaar. Ik scande al mijn negatieven en afdrukken en gooide ze daarna weg. Dat deed ik ook met de brieven die ik sinds de kleuterschool had bewaard, de ansichtkaarten en de tijdschriften die ik gewoon maar niet kon weggooien. Dankzij mijn ScanSnap-scanner kon ik vaarwel zeggen tegen een enorme hoeveelheid mappen en foto's, en tegelijkertijd was het gemakkelijk om databestanden te maken en ze te openen op mijn computer.

Er zijn waarschijnlijk een heleboel mensen die alleen maar muziek luisteren op hun smartphone of op hun iPod. Ik heb een MacBook Air, die ik kan gebruiken om films te kijken, muziek te luisteren of boeken te lezen. Ik heb dan wel geen tv meer, maar ik kan wel naar de websites van televisiezenders gaan en opgeslagen programma's kopen waar ik naar wil kijken. E-mail kan ik overal checken met mijn Gmail-account, en ik kan werken waar ik maar wil door mijn bestanden op te slaan met behulp van opslagsystemen in de cloud, zoals Dropbox. Wifi en bluetooth hebben het omslachtige gedoe dat je overal kabeltjes mee naar moest nemen verminderd, en vergaderingen kunnen via Skype gedaan worden. We leven tegenwoordig in een fantastische wereld, waarin we helemaal zonder een tastbaar kantoor kunnen werken.

De verspreiding van een deelcultuur

De minimalistische technologie heeft zich ook uitgebreid naar de dienstverlening. Ik woon in Tokio, waar het verkeer altijd een nachtmerrie is en het openbaar vervoer zeer betrouwbaar, dus is het eigenlijk helemaal niet nodig om een auto te bezitten. Een auto delen is goed genoeg voor mij. Het is zuiniger: je hoeft geen wegenbelasting te betalen, je hoeft je niet druk te maken over onderhoudskosten en het is beter voor het milieu. Ik twijfel er niet aan dat we in de toekomst meer zullen gaan zien van deze trend, zelfs buiten de steden.

Ook in onze woonruimten zien we de verspreiding van een nieuwe deelcultuur. Tegenwoordig zijn er diensten beschikbaar als couchsurfing en Airbnb, die ons in staat stellen onze huizen en appartementen te verhuren aan reizigers van over de hele wereld. Door het internet kunnen we onze eigen middelen beschikbaar stellen aan mensen die ze nodig hebben, en wij kunnen ze op onze beurt van anderen ontvangen.

Het tastbare gevaar van onze bezittingen

Ten slotte heeft de zware zeebeving van 2011 niet alleen invloed gehad op ons gevoel van wat waarde heeft, maar hij heeft volgens mij ook een grote verandering teweeggebracht in hoe we naar onze bezittingen kijken.

Mai Yururi is een tekenaar die essays in stripverhaalvorm schrijft. *Watashi no uchi niwa nanimo nai* (Ik heb niets in mijn huis) is een grote hit geworden. Ik was een van de vele mensen die geschokt waren toen ik foto's zag van Mai's kale huis. Ze heeft de bijnaam *Sute-hentai* (Mafkees die geobsedeerd is door het weggooien van spullen) gekregen. Eén scène in haar boek maakte veel indruk op me: alle bezittingen die zij en haar familie liefdevol hadden bewaard in hun huis kwamen omlaag gedonderd toen de aardbeving toesloeg en veranderden in dodelijke wapens. Al hun dierbare voorwerpen werden weggespoeld door de tsunami. Alles was vernield.

Er wordt gezegd dat een aardbeving die zo zwaar is als de zeebeving van 2011 maar eens in de duizend jaar voorkomt. Ik kan me herinneren dat iemand eens zei dat onze geschiedenis vanaf het jaar 0 tot 2000 het equivalent is van twintig oude vrouwtjes die honderd jaar oud worden. Als die aardbeving echt een gebeurtenis was die eens in de duizend jaar optrad, zou dat betekenen dat twee van die twintig oude vrouwtjes ermee te maken hebben gehad. Is dat een hoog percentage of een laag percentage?

Gezien de steeds maar groeiende overdaad aan informatie, de vooruitgang in technologie en de steeds vaker voorkomende dodelijke natuurrampen, kan ik niet anders dan me afvragen of de opkomst van het minimalisme in de afgelopen jaren niet onvermijdelijk was. Minimalisme móést wel geboren worden, niet uit een of ander spontaan opgekomen idee of hunkering naar een nieuwe levensstijl, maar uit een oprecht verlangen en een hartgrondige behoefte om op een andere manier over ons leven na te denken.

2

Waarom hebben we überhaupt zoveel spullen verzameld?

Ik had alles wat ik wilde hebben...

Ik realiseerde me nooit dat ik alles al had wat ik nodig had om een fatsoenlijk leven te leiden. Ik wilde steeds maar meer en was nooit tevreden. We denken vaak dat onze realiteit zó ver verwijderd is van onze ideale levensstijl dat we ergens onderweg ontzettend veel pech moeten hebben gehad. Maar die gedachte maakt ons alleen maar ongelukkig.

Ik keek vaak mijn appartement rond en zuchtte dan. Ik heb geen mooie leren bank of een ruime woonkamer, en ik heb geen groot terras waar ik met vrienden kan barbecueën. Ik bezit geen appartement in een wolkenkrabber van waaruit ik een mooi uitzicht heb op de stad. Ik heb geen van de dingen die ik altijd al wilde hebben.

Het tegenovergestelde blijkt waar te zijn: in feite had ik al alles wat ik ooit wilde. Laat me het uitleggen.

Neem bijvoorbeeld ons werk. We werken allemaal bij een bedrijf waar we op een zeker moment bij wilden werken. We hebben een of ander selectieproces doorlopen en zijn aangenomen. Misschien was het niet je eerste keuze of de bedrijfstak waar je voorkeur echt naar uitging, maar je had werk nodig. En omdat je altijd diep vanbinnen dat zeurende gevoel hebt gehad dat je eigenlijk beter had kunnen krijgen, ben je altijd aan het klagen over je werk of over je baas. Onwillekeurig vraag je je af hoe het zou zijn om van baan te veranderen.

Maar het is goed om in je achterhoofd te houden dat je op een zeker moment echt hebt gewenst dat je daar kon werken. Misschien is de bedrijfscultuur niet wat je had verwacht. Misschien is je baas een vreselijke man, of erger nog, is het hele management corrupt. Maar toch, je hebt hun je cv gestuurd en bent komen opdagen bij het sollicitatiegesprek. Niet omdat dat moest, maar omdat jij dat wilde. Dus in die zin is je wens om bij dat bedrijf te werken uitgekomen. Je moet blij zijn geweest, al was het maar voor even, toen je de brief kreeg waarin stond dat je werd aangenomen.

Hetzelfde kan gezegd worden over waar we wonen. Ik heb tien jaar in mijn vorige appartement gewoond. Het was een buitenkansje dat ik na heel lang zoeken had gevonden, en ik weet nog steeds hoe blij ik was toen ik ernaartoe verhuisde. Het bevond zich in een wijk waar ik heel graag wilde wonen, en ik had het spannende gevoel dat mijn nieuwe leven nu zou beginnen. Maar naarmate de jaren verstreken begon me op te vallen hoe klein en oud de flat was en mijn ontevredenheid werd langzamerhand steeds groter. Waarom was ik zo ongelukkig terwijl mijn eerdere wens om daar te wonen was uitgekomen?

Hetzelfde geldt voor onze bezittingen. Neem onze kleren, bijvoorbeeld. Ik had vaak het idee dat ik niets fatsoenlijks had om aan te trekken. Ik besteedde mijn vrije dagen aan winkelen en als ik thuiskwam was ik doodmoe, maar wel blij dat ik iets gevonden had wat ik leuk vond (zelfs al was ik me misschien iets te buiten gegaan met mijn creditcard). Daarna deed ik een modeshow voor mijn spiegel. De volgende dag was ik trots en blij en pronkte ik met mijn nieuwe outfit. Zulke dagen moeten er voor al mijn kleren zijn geweest, dus hoe kan het dan dat ik nu begin te zuchten als ik in mijn kledingkast kijk, en dat ik vind dat ik niets leuks heb om aan te trekken?

Wanneer we op deze manier naar de dingen kijken, beseffen we dat veel van onze wensen eigenlijk zijn vervuld. Waarom zijn we dan niet tevreden? Waarom worden we ongelukkig?

We raken aan dingen gewend

We weten allemaal het antwoord op die vraag. Uiteindelijk raken we gewend aan de nieuwe toestand waarin onze wensen zijn vervuld. We beginnen die dingen als vanzelfsprekend te beschouwen en er komt een moment dat we de dingen die we hebben zat worden.

Iedere vrouw zal waarschijnlijk gelukkig zijn wanneer ze een gloednieuwe jurk voor het eerst aantrekt. Maar bij de vijfde keer is ze die jurk waarschijnlijk gewend geraakt en is ze niet meer zo enthousiast om hem te dragen. Na de tiende keer is het geen nieuwe jurk meer. Dan is het iets waarvan ze weet dat hij in haar kast hangt. Misschien krijgt ze er genoeg van nadat ze hem vijftig keer aan heeft gehad. De gelukzaligheid van de nieuwe aankoop wordt steeds minder naarmate het voorwerp vaker wordt gebruikt, en uiteindelijk raakt ze verveeld wanneer hij geen enkele opwinding meer oproept. Dit patroon gaat op voor alles in ons leven. Hoe graag we iets ook wensen, na verloop van tijd wordt het een normaal onderdeel van ons leven en vervolgens een alledaags voorwerp waar we niks meer aan vinden, ook al hebben we in feite gekregen wat we wensten. En aan het eind van het liedje zijn we ongelukkig.

Met andere woorden: we kunnen gelukkig blijven als we dat gevoel van blijdschap kunnen vasthouden dat we ervoeren toen onze wens in eerste instantie werd vervuld. Konden we maar gewoon tevreden blijven met wat we hebben. Dan zouden we niet steeds maar meer en betere spullen hoeven kopen. Dus waarom kunnen we er niets aan doen dat we de dingen die vertrouwd zijn geraakt saai vinden?

Waarom willen we steeds maar nieuwe dingen?

Dat we de dingen waar we aan gewend zijn zat worden, heeft te maken met bepaalde aspecten van ons neurale netwerk. Ons neurale netwerk is wat ons in staat stelt variaties in vormen van stimulatie te bespeuren.

Denk bijvoorbeeld eens aan de zee in de herfst. Het zomerse strandseizoen is allang voorbij, maar plotseling heb je in een opwelling zin om iets jeugdigs te doen en je rent op blote voeten het water in. Je schreeuwt het uit vanwege het koude water. Dit komt doordat je neurale netwerk het verschil herkent tussen de temperatuur van het zand en die van het water. Maar als je in het water blijft, zul je langzamerhand gewend raken aan deze nieuwe temperatuur en zul je er geen last meer van hebben. Dan zeg je misschien tegen jezelf: 'Misschien is het toch niet zo koud als ik dacht.'

Als je op de bank voor de tv ligt te slapen geldt hetzelfde. Je wordt wakker op het moment dat de tv wordt uitgezet en klaagt dan: 'Hé, daar was ik naar aan het kijken!' Hoewel het in feite relaxter is als de tv uit is, ben je bij het in slaap vallen gewend geraakt aan het felverlichte scherm en het voortdurende lawaai, en toen die prikkel werd weggehaald, merkte je dat ogenblikkelijk.

Mensen hebben variatie of veranderingen nodig om prikkels te kunnen herkennen. Daarom zijn we vaak ontevreden als we iets langere tijd bezitten. Hoewel we er aanvankelijk naar verlangden, herkennen onze hersenen een gebrek aan variatie als we er eenmaal aan gewend zijn geraakt het te hebben. De nieuwigheid van de prikkel vervaagt en het voorwerp wordt een deel van ons leven dat we als vanzelfsprekend beschouwen. Zonder variatie worden we het voorwerp uiteindelijk zat.

De enorme kracht van dit effect kan alles vergiftigen. Het kan ervoor zorgen dat de kleren die we in een winkeltje hadden gezien en waar we zo naar hunkerden er uiteindelijk ontzettend onaantrekkelijk uit gaan zien, zodat we gaan klagen dat we niets hebben om aan te trekken. Het kan ervoor zorgen dat we vergeten hoe gelukkig we zijn als we ons werk doen. Iemand kan een facelift krijgen, na een tijdje genoeg krijgen van de verbeteringen en steeds meer laten veranderen aan zijn of haar gezicht. Een kind zal dolenthousiast worden als je het een speelgoedring of een speelgoedautootje geeft. Maar uiteindelijk zal het erop uitgekeken raken en moet die ring in het verdere leven een ring van 500 euro zijn, vervolgens een ring van 3.000 euro en uiteindelijk een unieke ring, vervaardigd door een meesterjuwelier. Misschien wordt dat speelgoedautootje een gezinsauto als die persoon volwassen is geworden, dan een luxeauto en uiteindelijk bezit hij of zij een garage met een hele serie luxeauto's. Verwonder je je nooit over rijke mensen die al zoveel hebben en toch doorgaan met nieuwe dingen kopen? Net als wij worden ze het zat om steeds dezelfde voorwerpen te hebben, hoe stijlvol die voorwerpen ons ook lijken.

Waarom je Keisuke Honda niet kunt opvrolijken na zijn verlies op het wereldkampioenschap voetbal

Er speelt een complicerende factor bij dit raadsel van gewenning die de moeite waard is om te vermelden: de gewenning heeft alleen maar invloed op de persoon in kwestie. Die ring van 500 euro en die gezinsauto kunnen er voor anderen prima uitzien, maar toch zijn de eigenaren ervan erop uitgekeken en zijn ze ontevreden. Dit komt doordat we variaties in prikkels alleen binnen in onszelf kunnen voelen.

Laten we als voorbeeld eens Keisuke Honda nemen, een beroemde Japanse voetballer die verpletterende nederlagen leed tijdens het wereldkampioenschap voetbal. Laten we zeggen dat hij in de kleedkamer zit, helemaal terneergeslagen. Ik zou naar hem toe kunnen lopen, een hand op zijn schouder leggen en zeggen:

> Oké, je hebt de wedstrijd verloren, maar wat geeft dat? Kop op. Je verdient nog altijd miljoenen en je rijdt rond in je coole Ferrari. Je zou nu met pensioen kunnen gaan en de wereld rond gaan reizen. Ik weet zeker dat je zonder enige moeite ergens een geweldige baan als coach zou kunnen vinden. Je maakt je geen zorgen over je toekomst, toch? Vergelijk jezelf eens met mij. Dus doe eens een beetje vrolijker.

Maar dat kun je vergeten: hij zou zich nooit laten opvrolijken door zulk soort opmerkingen, toch? Je kunt alleen maar vergelijkingen trekken met je eigen prikkelniveaus; je kunt variaties van de prikkels van anderen niet opmerken. Op zijn niveau kan Honda niet tevreden zijn, tenzij hij zijn wedstrijden wint.

Duurt de vreugde van de overwinning maar drie uur?

Het is bekend dat mensen ontzettend snel gewend raken aan hun prikkels. In 1992 zei Andre Agassi, de voormalige nummer 1 in het tennis, in een interview na Wimbledon dat hij iets had geleerd waar maar heel weinig mensen zich bewust van zijn: de blijdschap van de overwinning is lang niet zo sterk als de wanhoop die je ervaart na een verlies. En dat geluksgevoel nadat je hebt gewonnen is vluchtig vergeleken met hoe lang je onder een verpletterende nederlaag lijdt.

Tal Ben-Shahar, een populaire docent positieve psychologie aan Harvard, werd op zestienjarige leeftijd nationaal kampioen squash van

Israël. Vijf jaar lang elke dag zes uur trainen had zich uitbetaald. Maar zodra hij thuiskwam na de overwinningsceremonie realiseerde hij zich dat de blijdschap was vervaagd en dat een gevoel van leegte overbleef. Hij zei tegen mensen dat de blijdschap maar drie uur had geduurd.

Het is slechts een handjevol mensen gegund de grandioze vreugde te ervaren van grote prestaties als deze. Toch raken zelfs die mensen al snel gewend aan de gevoelens van tevredenheid.

Kan Bill Gates zes maaltijden in een dag eten?

Of je nou een ring koopt die 100, 500 of 3.000 euro kost, het geluksgevoel dat je ervaart is helaas in wezen hetzelfde. Het is niet waarschijnlijk dat je vijf keer zo blij bent als je een ring van 500 euro krijgt dan wanneer je er een krijgt van 100 euro. Je glimlach wordt niet vijf keer zo breed en je zult niet vijf keer zo lang blij zijn. Hoewel er geen grenzen zijn aan de prijskaartjes die aan voorwerpen vast kunnen zitten, zijn er absoluut wel grenzen aan onze emoties.

Als een ring van 500 euro ons echt vijf keer zoveel vreugde kon geven als een ring van 100 euro, zouden geld en bezittingen een blijvend geluksgevoel garanderen. Maar hoe rijk je ook wordt, hoeveel spullen je ook bezit, de blijdschap die je krijgt van al je spullen zal niet veel verschillen van hoe je je nu voelt. Er zijn emotionele beperkingen aan de gevoelens van geluk die we kunnen ervaren wanneer we iets voor het eerst verkrijgen.

Op dezelfde manier hebben we ook lichamelijke beperkingen. Zelfs als je zo rijk wordt als Bill Gates zal de omvang van je maag niet veranderen. Je kunt niet zes fantastische maaltijden op een dag eten alleen maar omdat je Bill Gates bent geworden. (Nou ja, het kan wel, maar je zult zeker niet twee keer zo gelukkig zijn als wanneer je drie keer per dag eet.) Rijk worden betekent niet dat je een speciale bonus krijgt en dat je dagen vijfentwintig uur duren in plaats van vierentwintig uur.

De functies van een Apple-horloge van 20.000 euro

Hetzelfde kan gezegd worden over de functies van voorwerpen. Een sportauto van 100.000 euro zal niet tien keer zo snel gaan als een compacte middenklasseauto van 10.000 euro, en dat zou trouwens wettelijk niet eens toegestaan zijn. Een Apple-horloge van 20.000 euro zal niet een vijftig keer zo lange batterijduur hebben als een Apple-horloge van 400 euro en de processorsnelheid zal ook niet vijftig keer zo hoog zijn.

Als de functionaliteit van producten evenredig toeneemt met hun prijs en als je in een dure auto twee- of driemaal zo snel naar je bestemming kon rijden, of als een donzen jas die twee keer zo duur is als wat we nu hebben twee keer zo warm was, tja, dan hadden geld en voorwerpen ons allemaal heel gelukkig kunnen maken! Maar helaas is dat niet het geval.

Je kunt niet voorspellen hoe je je in de toekomst voelt

Hier is nog een vraag waar ik soms mee worstel. We weten dat als we dingen kopen, we er op een gegeven moment op uitgekeken zullen zijn. Zou er dan niet een moment moeten komen waarop we beseffen dat het geen zin heeft om iets nieuws te kopen? Waarom worden we deze cyclus nooit beu? Waarom blijven we onze voorraad maar aanvullen?

Ik geloof dat het antwoord zou kunnen zijn dat het komt doordat we het heden gebruiken als de basis waarop we onze toekomstige emoties voorspellen. Ook al zijn we misschien de enige levensvorm die zich een beeld van de toekomst kan vormen, onze voorspellingen zijn verre van accuraat.

Ben je weleens naar de supermarkt gegaan toen je honger had, zodat toen je thuiskwam bleek dat je meer had gekocht dan je nodig had? Heb je weleens te veel besteld in een restaurant toen je met enorme trek aan tafel ging? Door je hongerige toestand van het moment heb je verkeerd ingeschat hoe je je zou voelen als je eenmaal aan het eten was. We kunnen niet eens inschatten hoeveel honger we over dertig minuten zullen hebben.

Velen van ons hebben weleens een vreselijke kater gehad en ik denk dat we allemaal waarschijnlijk zwoeren dat we nooit meer zoveel zouden drinken toen ons hoofd zo hard bonsde dat het uit elkaar leek te barsten. Maar ik ben waarschijnlijk niet de enige die zich, als die hoofdpijn eenmaal een verre herinnering is geworden, weer laat verlokken door die verleidelijke maar gevaarlijke drankjes.

We kunnen ons moeilijk voorstellen hoe fijn het is om bij een haardvuur te zitten wanneer het een warme, vochtige dag is. En het is ook moeilijk voor te stellen hoe heerlijk verfrissend een airco kan zijn wanneer het ijskoud is tijdens een winternacht. Of, om het voorbeeld van Daniel Gilbert te gebruiken uit zijn boek *Stuiten op geluk: hoe geluk gevonden kan worden*, jonge mensen nemen een Deathlok-tatoeage omdat ze denken dat het voor altijd cool zal blijven. Al hebben we allemaal weleens zoiets meegemaakt (misschien is het voorbeeld van de Deathlok-tatoeage niet zo heel universeel), we hebben de neiging naar onze toekomst te kijken op basis van ons heden.

Het genot om een jas voor de tiende keer te dragen

Wat betekent dit in het geval van onze bezittingen?

Laten we teruggaan naar ons kledingvoorbeeld. We gaan winkelen, vinden eindelijk de jas waar we naar op zoek waren, en we zijn zó blij dat we ons niet eens druk maken om het prijskaartje. Hij is fantastisch, van welke kant we er ook naar kijken, vooral vergeleken met de versleten jas die we nu aanhebben. We rekenen af, nemen hem mee naar huis en hebben hetzelfde tevreden gevoel als we hem aantrekken en voor de spiegel gaan staan.

Het is alleen jammer dat, hoewel we ons heel goed kunnen voorstellen hoe we ons zullen voelen wanneer we hem voor de eerste keer dragen, we ons niet kunnen voorstellen hoe we ons voelen wanneer we hem voor de tiende keer dragen, of een jaar nadat we hem hebben gekocht.

We vinden het moeilijk om een juiste voorspelling te maken van hoe onze gevoelens zullen veranderen: van onze aanvankelijke blijdschap toen we hem kochten, naar gewenning en ten slotte naar verveling. In het begin, als we de jas nog niet daadwerkelijk bezitten, lijkt het alsof de blijdschap eeuwig zal duren.

Laten we, nu we verschillende redenen hebben behandeld waarom we van nature spullen om ons heen verzamelen, de tijd nemen om ze met elkaar te verbinden.

We hebben alles waarvan we in het verleden dachten dat we het wilden hebben. Alles om ons heen is een voorwerp waar we oprecht naar hebben verlangd op een gegeven moment. Maar ongeacht de mate waarin we er toen naar verlangden, raken we gewend aan deze voorwerpen en verliezen langzamerhand onze belangstelling. Dan ontwikkelen we een verlangen naar iets anders, een andere prikkel, iets duurders zodat het meer impact heeft. We willen meer prikkels en gaan door met het aanschaffen van nieuwe spullen.

Zelfs al denken anderen dat je genoeg bezittingen hebt, je eigen perceptie is de enige die ertoe doet; jij bent de enige die veranderingen in prikkels kan veroorzaken. Een gezinsauto die 10.000 euro kost kan in ieders behoefte voorzien, maar toch zal de eigenaar ervan ontevreden raken nadat hij hem heeft gekocht.

Zelfs als je hard werkt om die variatie te creëren door het volgende voorwerp te kopen, zal je geluksgevoel niet veel verschillen van hoe je je nu voelt. Er zijn grenzen aan hoe gelukkig je je kunt voelen en een belachelijk duur voorwerp gaat je niet belachelijk gelukkig maken. Een ring van 500 euro gaat je niet vijf keer zo blij maken als een ring van 100 euro.

Net zoals je blijdschap niet gelijk is aan de prijs van een voorwerp dat je koopt, zijn de functies van dat voorwerp het ook niet. Een donzen jas die twee keer zoveel kost als de jas die je al hebt, zal niet twee keer zo warm zijn. Je ontevredenheid blijft voortbestaan en je gaat op zoek naar iets anders. Je weet dat je gewend zult raken aan het volgende ding en dat je daar ook genoeg van zult krijgen, maar je kunt er niets aan doen: je blijft de toekomst voorspellen op basis van je huidige gevoelens.

Je komt vast te zitten in deze eeuwige lus en het aantal spullen dat je bezit blijft toenemen. In je achterhoofd weet je dat je nooit tevreden zult zijn, maar je blijft denken dat dat kortstondige gevoel van blijdschap deze keer misschien echt zal blijken te zijn. Dit zijn de mechanismen van onze ontevredenheid, en ze treden op ongeacht hoeveel je uitgeeft, ongeacht hoeveel je bezit.

Van prehistorische functie tot moderne waarde

Er is nog een andere, dieper liggende reden waarom we zoveel spullen om ons heen verzamelen. Lang geleden gebruikten mensen dingen die van steen waren gemaakt. Ze zien er voor ons nu misschien primitief uit, maar die gereedschappen waren ingenieuze innovaties die heel goed functioneerden.

Stenen werktuigen bespaarden ons tijd en energie. Hoewel iemand misschien een dag bezig was om een enkel stuk gereedschap te maken, werd het daarna minder tijdrovend en gemakkelijker om elke dag voedsel te vinden en te bereiden. Zodra een stuk gereedschap was gemaakt, was er verder geen inspanning meer nodig om het te onderhouden. Zodoende werden het dingen waar je niet zonder kon.

Aardewerk werd ook vervaardigd om puur functionele redenen. Zonder moderne luxes als supermarkten en warenhuizen, die we tegenwoordig als vanzelfsprekend beschouwen, wisten de vroegste mensen nooit wanneer en óf er weer voedsel beschikbaar zou zijn. Als er een natuurramp optrad konden ze niets doen; ze wisten niet eens wat er het volgende moment zou gebeuren. Dus besloten ze het eten dat ze over hadden te bewaren en op die manier werden voorwerpen van aardewerk een noodzaak.

In de loop van de tijd zijn we echter steeds meer voorwerpen gaan bezitten om een andere reden dan vanwege hun functionaliteit. Vaak kost het ons enorm veel geld en moeite om deze voorwerpen te onderhouden. De voorwerpen lijken niet op de stenen werktuigen die onze voorouders gebruikten en die trouw voldeden aan het doel van hun eigenaren. De dingen hebben zich tegen ons gekeerd en uiteindelijk zijn ze, voor we het beseften, over ons gaan heersen.

Waarom bezitten we zoveel dingen als we ze niet nodig hebben?

Wat is het doel ervan? Ik geloof dat het antwoord vrij duidelijk is: we willen maar al te graag onze eigen belangrijkheid, onze eigen waarde, overbrengen aan anderen. We gebruiken voorwerpen om anderen te vertellen hoe waardevol we zijn.

In ons is een app geïnstalleerd die eenzaamheid herkent

Laten we hier nog eens vanaf het begin naar kijken. We zijn geëvolueerd als sociale dieren. Vergeleken met grotere dieren zijn we lichamelijk niet zo heel sterk en we hebben geen scherpe klauwen of hoektanden. Er is waarschijnlijk nooit iemand geweest die in zijn eentje een reusachtige mammoet geveld heeft. Dus om te overleven moesten we in groepen werken.

Deze groepsmentaliteit hebben we nog steeds. Het is net alsof er standaard een app bij ons is geïnstalleerd die eenzaamheid herkent en die ervoor zorgt dat we ons eenzaam voelen als we afgezonderd zijn van de rest van onze groep. De app is een soort waarschuwingsinstrument dat ons vertelt dat we terug moeten gaan naar de anderen wanneer we alleen zijn. Helaas kunnen we deze app niet verwijderen; hij is standaard geïnstalleerd en kan niet worden gewist.

De eenzaamheid van katten en honden

Heb je ooit nagedacht over wat het verschil is tussen katten en honden? Een kat kan het thuis in z'n eentje volkomen naar zijn zin hebben, maar dat geldt niet voor honden. Laat de hond voor langere tijd alleen en hij zal waarschijnlijk beginnen te blaffen of bij de deur in een kringetje gaan lopen. Het is bekend dat honden die lange perioden in eenzaamheid hebben doorgebracht aan depressie kunnen lijden.

Helaas lijken we meer op honden dan op katten. We zijn ervoor gemaakt om in groepen op te treden en om alleen-zijn te vermijden. Sociale dieren als we zijn, voelen we de behoefte om waarde te hebben voor de groep, voor de samenleving. We kunnen niet leven zonder het gevoel te hebben dat ons bestaan een zekere betekenis heeft, door middel van erkenning of bevestiging van anderen.

Een van de voornaamste redenen waarom we depressief worden of gaan nadenken over zelfmoord, is dat we onszelf wijsmaken dat ons bestaan geen waarde heeft. Er wordt gezegd dat er in Japan een miljoen mensen zijn die lijden aan depressie en elk jaar plegen meer dan vijfentwintigduizend mensen zelfmoord. Als je bedenkt dat er ongeveer twintigduizend slachtoffers zijn gevallen bij de zware zeebeving van 2011, een enorme natuurramp waarvan wordt gezegd dat zoiets maar eens in de duizend jaar voorkomt, moeten we ons afvragen hoe het komt dat jaar na jaar een groter aantal mensen sterven doordat ze hun toevlucht nemen tot zelfmoord.

Voor mij is dit een duidelijk teken hoe sterk het menselijke verlangen is om onze eigen waarde bevestigd te zien. Ik geloof dat het vlak na lichamelijke behoeften als onze eetlust en ons verlangen naar slaap komt, en dat het doorklinkt in alle aspecten van ons gedrag. Mensen zijn niet in staat verder te gaan in deze wereld als ze niet overtuigd zijn van hun eigen waarde. Een kleine hoeveelheid zelfrespect en narcisme zijn onontbeerlijk om te kunnen leven.

Misschien zeggen sommigen: 'Het is aan onszelf om onze eigen waarde te bepalen,' en daar ben ik het tot op zekere hoogte mee eens, maar als we volkomen alleen zijn en nooit iemand zien of contact hebben met anderen, is er geen mogelijkheid om onze eigen waarde te bevestigen. Ik geloof dat, hoezeer iemand ook een einzelgänger lijkt te zijn, er altijd wel ergens binnenin een verlangen bestaat dat een andere persoon – wie dan ook – aandacht aan hem of haar schenkt. Net als honden kunnen we er niet tegen om helemaal alleen te zijn. Alleen door onszelf weerspiegeld te zien vanuit het perspectief van een ander zijn we in staat om onze werkelijke waarde te kennen.

Ons gevoel van eigenwaarde is de drijvende kracht achter ons gedrag

Je denkt misschien dat ik overdrijf, maar ik geloof dat ons gevoel van eigenwaarde aan de basis ligt van vrijwel al ons handelen.

We zijn heel blij als iemand iets wat we delen op sociale media 'liket'. We zijn gelukkig als iemand ons 'volgt'. Dan hebben ze onze waarde erkend.

We zijn heel gelukkig als iemand van wie we houden ook van ons houdt. Het is geweldig als degene van wie we houden – de persoon van wie we vinden dat hij of zij de meeste waarde voor ons heeft – ons erkent. En we worden boos als hij of zij ons bedriegt, als hij of zij die liefde met iemand anders deelt.

'Je bent afschuwelijk! Wie is die andere persoon die beter is dan ik?' zouden we kunnen schreeuwen tegen hem of haar wanneer we worden afgewezen. 'Ik hoop dat het het wáárd was!'

Of misschien ben je wel rijk en wil je ervoor zorgen dat de mensen dat weten ook. Je hebt een chauffeur en je laat hem je autoportier voor je opendoen als je uitstapt. Je loopt rond met een gevoel alsof je heel belangrijk bent, met een zonnebril op en gouden sieraden om, anderen intimiderend terwijl je achternagelopen wordt door je ondergeschikten. 'Uit de weg! Ik ben belangrijk!'

Dit is ook het geval wanneer we tegen andere mensen zeggen dat we waardeloos zijn. We wachten tot ze zeggen: 'Nee, dat ben je niet. Je bent heel waardevol.' Op andere momenten hebben we kritiek op anderen en halen hen omlaag om zodoende onze eigen waarde te bevestigen.

Dat is deels de reden waarom ik dit boek heb geschreven. Hoewel het niet mijn enige motivatie is, wil ik aan mezelf bewijzen dat mijn bestaan een zekere waarde heeft.

Sociale dieren als we zijn, kunnen we niet leven zonder het idee te hebben dat we waarde hebben. We kunnen niets doen zonder een redelijke dosis narcisme. Het is dus helemaal niet zo erg om te denken dat we waardevol zijn. Sterker nog, het is noodzakelijk.

Het probleem zit hem in hóé we onze waarde aan anderen kenbaar maken.

Onze eigenwaarde kenbaar maken

Mensen hebben verschillende soorten kwaliteiten. Sommige daarvan zijn meteen af te lezen aan het uiterlijk. Misschien ben je slank of zie je er leuk uit, of misschien ben je lang, gespierd, mooi, modieus gekleed of heb je een fantastisch figuur. Uiterlijke kenmerken zijn gemakkelijk te snappen; iedereen begrijpt in één oogopslag de boodschap. Maar hoe goed we ons lichaam oppervlakkig ook verzorgen, er zit een grens aan hoeveel we kunnen doen. Ik zal er nooit uitzien als een waanzinnig knap fotomodel.

We hebben nog andere soorten kwaliteiten, die meer vanbinnen zitten. Misschien zijn we wel aardig, vrijgevig, grappig, ijverig, oprecht, opgewekt, plichtsgetrouw, slim, zorgzaam of dapper.

Maar dit type eigenschappen is moeilijk kenbaar te maken aan andere mensen. Misschien zijn mensen die aardig lijken niet zo betrouwbaar wanneer ze geconfronteerd worden met een noodsituatie. Misschien is iemand die intelligent en interessant lijkt eigenlijk nogal egoïstisch. Tenzij we enige tijd doorbrengen met anderen, is het vaak moeilijk om hun werkelijke waarde te zien.

Dit is waar onze bezittingen om de hoek komen kijken. We kunnen voorwerpen gebruiken om onze persoonlijkheid en onze waarden aan anderen over te brengen.

Kleren zijn een goed voorbeeld. Een outfit als een rockster maakt duidelijk dat we niet bang zijn om anders te zijn, terwijl een meer natuurlijke stijl een persoonlijkheid toont die vriendelijk en aardig is. Met haute couture willen we onze avant-gardistische smaak benadrukken, terwijl vrijetijdskleding kan overbrengen dat we rechtdoorzee en vriendelijk zijn. En als we niet al te moeilijk doen over mode, brengen we de boodschap over dat we ons niet druk maken over uiterlijkheden. Een goede smaak qua meubilair, een kostbare antiekverzameling, de posters die we aan onze muur hebben hangen, de planten die in onze tuin groeien... het zijn allemaal voorwerpen die onze waarden uitdragen.

Ik ben een fan van de producten van Apple. Ik vind de functionaliteit ervan geweldig. Als ik een nieuwe iPhone te pakken weet te krijgen op de dag dat hij wordt uitgebracht, kan ik niet wachten om ermee te pronken bij mijn vrienden. Ik hou ervan om terloops mijn MacBook Air open te klappen in de Starbucks. Er zit absoluut iets in me wat wil laten zien dat ik iemand ben die kiest voor producten van Apple en die kan genieten van hun geweldige design en gebruiksvriendelijkheid. Volgens mij zijn dat soort neigingen natuurlijk en er is op zich niets mis mee.

Wanneer wat we hebben wordt wat we zijn

Het wordt pas een probleem als we dingen alleen kopen om onze eigenschappen aan anderen over te brengen en onze verzameling dingen te groot begint te worden.

Hoe meer we verzamelen en hoe harder we ons best doen om een verzameling op te bouwen die onze eigenschappen overbrengt, des te meer zullen onze bezittingen zélf de eigenschappen gaan worden die we willen hebben. Met andere woorden: wat we bezitten wordt gelijk aan wie we zijn.

Onze doelstelling verschuift naar het vergroten van het aantal bezittingen, want dat staat gelijk aan het vergroten van ons zelfbeeld. Als gevolg daarvan besteden we uiteindelijk enorme hoeveelheden tijd en energie aan het onderhouden en organiseren van de spullen die we om ons heen hebben verzameld. Wanneer we die dingen als gelijkwaardig aan onze eigenschappen beschouwen en beginnen te geloven dat wij dat werkelijk zelf zijn, zal onze voornaamste doelstelling het onderhouden en organiseren van die spullen worden.

Ik geloofde dat mijn boekenkast liet zien wie ik was

Ik zal een voorbeeld geven uit mijn eigen leven. Vroeger lagen er stapels boeken in mijn boekenkasten, die alle ruimte in mijn smalle halletje innamen. Toch kon ik me nauwelijks herinneren dat ik ook maar één boek gelezen had. Geen enkel exemplaar is me echt dierbaar geworden. Tijdens mijn studiejaren was ik altijd op zoek naar boeken die er moeilijk uitzagen. Vele ervan bladerde ik alleen maar een keertje door zonder daadwerkelijk iets te lezen. Er zaten boeken bij over moderne filosofie en meesterwerken van de twintigste eeuw – heel dikke literaire werken – die ik nooit heb uitgelezen.

Het is me nu duidelijk waarom ik die boeken in huis liet rondslingeren en ze nooit wegdeed, ook al wist ik dat ik ze nooit zou gaan lezen. Ik wilde wanhopig graag mijn waarde kenbaar maken via mijn boeken. Ze waren er om één boodschap over te brengen:

> Ik heb in de loop der tijd een heleboel boeken gelezen. Zoals iedereen kan zien aan mijn boekenkast heb ik een heel brede belangstelling en ben ik erg leergierig. Ik weet een heleboel over al die verschillende onderwerpen, al was het maar in naam. Hoewel ik nog niet alle boeken heb gelezen, ben ik absoluut wel geïnteresseerd in die onderwerpen; natuurlijk ben ik dat, daarom staan al die boeken daar in mijn boekenkast. Ik begrijp misschien niet alles wat er in die boeken aan bod komt, maar ik heb een enorme hoeveelheid werken gelezen, waaronder een scala aan publicaties over complexe onderwerpen. Ik ben niet zo'n prater en ik zie er dan misschien uit als een doodnormale, alledaagse jongen, maar vanbinnen zit ik vol met die ongelooflijke kennis. Misschien zou je me het best kunnen omschrijven als een intellectueel met diepte.

Hoe gênant het ook is om toe te geven, dat vat wel ongeveer samen waarom ik stapels boeken in mijn appartement had. Ik probeerde mijn waarde duidelijk te maken door middel van het aantal boeken dat ik bezat.

Hetzelfde kan gezegd worden van mijn bergen cd's en dvd's. Idem van mijn antieke voorwerpen, de stijlvolle foto's die mijn muren sierden, mijn servies en mijn verzameling camera's. Ik gebruikte die spullen vrijwel nooit.

Ik had zoveel bezittingen dat ik ze niet goed kon verzorgen. Omdat ik zoveel dingen had was het lastig om mijn appartement schoon te maken en de voortdurende rommel in huis ondermijnde mijn zelfvertrouwen en mijn drijfveer om iets te gaan doen. Ik ontsnapte in de alcohol zodat ik maar niet toe hoefde te geven aan mezelf wat er eigenlijk aan de hand was. Wat was ik een sukkel.

Wanneer onze gereedschappen onze meesters worden

Laten we, voordat we doorgaan naar het volgende hoofdstuk, eerst eens het volledige plaatje bekijken. Onze bezittingen zouden eigenlijk onze gereedschappen moeten zijn. Tijdens de steentijd werden ze ook voor dat doel gebruikt. Naarmate de tijd verstreek werd de wereld steeds overdadiger en voorwerpen begonnen gebruikt te worden met een ander doel: om ons in staat te stellen onze eigen waarde te bevestigen.

We zijn sociale dieren die in groepen te werk gaan; we gedijen niet goed als we niet kunnen bewijzen dat ons bestaan waarde heeft. We hebben anderen nodig om onze kwaliteiten te kunnen herkennen, zodat we kunnen geloven dat we het waard zijn om te leven.

Om deze waarde te laten zien, maken we onze kwaliteiten kenbaar door middel van onze bezittingen.

Maar als we te veel gaan vertrouwen op die methode, raken we op een gegeven moment omringd door te veel bezittingen. De voorwerpen, die eigenlijk onze eigenschappen alleen maar zouden moeten vertegenwoordigen, worden zelf onze eigenschappen. En dan verzamelen we nog meer spullen, omdat we het idee hebben dat we op die manier belangrijker worden.

Al die dingen keren zich uiteindelijk tegen ons; we worden slaaf van onze bezittingen, we worden gedwongen om tijd en energie te steken in de zorg ervoor. We verliezen onszelf in onze bezittingen. Onze gereedschappen worden onze meesters.

Deze voorwerpen hebben van zichzelf geen macht. Wij zijn degenen die er zo'n hoge status aan hebben gegeven dat ze onze gelijken of zelfs nog hoger zijn geworden, maar in feite zijn het niets meer dan voorwerpen. Ze symboliseren ons niet en ze zijn niet onze meesters. Vroeger waren het doodgewone gereedschappen.

Dus waarom zouden we niet overwegen om alleen de spullen te houden die we werkelijk nodig hebben?

In het volgende hoofdstuk zal ik het hebben over specifieke methoden om afstand te doen van onze bezittingen. Ik weet vrij zeker dat velen van ons zoveel spullen hebben verzameld dat ze op het punt staan zich te verliezen in hun bezittingen. Ik vermoed dat je het de moeite waard vindt om afstand te gaan doen van al die spullen, al is het maar één keer in je leven.

Maak je op om vaarwel te zeggen tegen al die spullen die je zo lang hebben tegengehouden.

3

55 tips om je te helpen je spullen vaarwel te zeggen

1 Vergeet het idee dat je je spullen niet kunt wegdoen.

Mensen die hun spullen niet weg kunnen doen omdat hun karakter dat nou eenmaal niet toestaat, bestaan niet. We dénken alleen maar dat we geen afscheid kunnen nemen van onze bezittingen. 'Aangeleerde hulpeloosheid' is een term die in de psychologie wordt gebruikt en die kan verklaren wat hier gebeurt. We zijn heus wel in staat spullen weg te doen, maar we hebben het opgegeven omdat het een paar keer is mislukt.

Toch kunnen we allemaal afscheid nemen van onze spullen; we moeten ons alleen bewust worden van de redenen waarom ons dat tot nu toe nog niet is gelukt. Het komt niet door je karakter en daarom is het je niet echt aan te rekenen. Je bent gewoon onervaren, dat is alles. Je bent niet vertrouwd met de gewoonte om je spullen weg te doen en je bent eraan gewend om ze te bewaren. Ik woonde vroeger in een smerig appartement, maar nu woon ik in een minimalistische ruimte. Ik heb geen persoonlijkheidsverandering ondergaan, maar gewoon de technieken aangeleerd en de gewoonte ontwikkeld om me van overbodige spullen te ontdoen.

2 Er is vaardigheid voor nodig om iets weg te gooien.

Net zoals je niet op een ochtend wakker wordt en opeens vloeiend Frans kunt spreken als je daar nooit op hebt gestudeerd, kun je ook niet van de ene op de andere dag een meester worden in danshari, de kunst van het opruimen en wegdoen. Ik heb veel weggedaan, maar het heeft me meer dan vijf jaar gekost om dit te kunnen doen. (Het ís mogelijk om het sneller te doen.)

Het wegdoen van je spullen op zich neemt geen tijd in beslag. Op dag één gooi je al het afval weg. Dag twee is voor het verkopen van je boeken en cd's. Op dag drie verkoop je je elektrische apparaten. Dag vier is voor het verkopen – of naar de kringloopwinkel brengen – van grote meubelstukken. Een week is eigenlijk alle tijd die je nodig hebt om je bezittingen te verminderen, hoeveel je misschien ook hebt. Het is niet de handeling zelf, maar de beslissing om te handelen die tijd vergt. Net zoals je vaardigheden in een vreemde taal zullen verbeteren door te oefenen, zal de handeling van het wegdoen van spullen dat ook doen. Hoe meer je het doet, hoe minder tijd het kost om te besluiten en hoe gemakkelijker het zal zijn om afscheid te nemen van je spullen. Het is eigenlijk gewoon iets wat je moet leren.

3 Als je iets wegdoet, win je meer dan je verliest.

Het lijkt misschien alsof je met het verminderen van je bezittingen iets verliest, maar ik denk dat het het beste is om onze gedachten op dat punt te resetten. Er is meer te winnen bij het verminderen van overtollige spullen dan je misschien denkt: tijd, ruimte, vrijheid en energie bijvoorbeeld. In hoofdstuk 4 zal ik hier dieper op ingaan, maar laat me je nu alvast vertellen dat de lijst van dingen die je erbij krijgt in feite eindeloos is.

Je kunt het niet helpen dat je je fixeert op iets wat je op het punt staat weg te doen, omdat het recht voor je neus staat. En wat deze handeling allemaal kan opleveren is niet zichtbaar, dus is het moeilijk om je je ervan bewust te worden. Maar geloof me, er is meer te winnen dan te verliezen. In plaats van te denken aan alles wat je hebt verloren door het weg te doen, moet je je aandacht richten op wat het je oplevert.

4 Vraag je af waarom je geen afstand kunt doen van je spullen.

Er zijn waarschijnlijk niet veel mensen die plotseling zullen besluiten om hun bezittingen te verminderen en van het ene op het andere moment minimalist worden. Zoals ik eerder heb gezegd, is spullen wegdoen iets wat je moet leren. Het zal in eerste instantie moeilijk zijn om je bezittingen in een vuilniszak te doen of ze te koop aan te bieden. Er zijn nog steeds een hoop voorwerpen die ook ik niet weg kan gooien. Maar daar hoef je je niet voor te schamen. En je hoeft ook niet alles in één keer weg te doen. Ik denk dat het belangrijk is om te bedenken waaróm er spullen zijn waarvan we geen afscheid kunnen nemen.

Neem even de tijd om te focussen op elk voorwerp waarvan je geen afscheid kunt nemen en vraag je af waarom dat zo is. Is het omdat het duur was? Is het omdat je je schuldig voelt als je het zou wegdoen? Schaam je je dat je er nooit goed gebruik van hebt gemaakt? Heb je een rotgevoel namens de persoon die het aan je heeft gegeven? Voelt het alsof je een dierbare herinnering weggooit die met het voorwerp verbonden is? Is het je ijdelheid die je ervan weerhoudt om afscheid van iets te nemen? Of is het gewoon gemakkelijker om het te laten liggen waar het ligt?

Maak je geen zorgen als je niet in één klap al je bezittingen kunt wegdoen. Belangrijker is dat je je afvraagt waarom je huiverig bent om afscheid te nemen van een aantal van je bezittingen. Misschien word je wel verrast door de antwoorden op deze vraag.

5 Minimaliseren is moeilijk, maar niet onmogelijk.

De Nederlandse filosoof Baruch de Spinoza merkte op dat wanneer mensen zeggen dat iets onmogelijk is, ze al hebben besloten dat ze het niet willen doen. Hoewel we een oprechte wens kunnen hebben om afscheid te nemen van al onze overtollige spullen, is het gevoel van gemak dat we hebben door het bezit ervan waarschijnlijk sterker.

We moeten dit gemak niet rationaliseren door te zeggen dat we het gewoon niet weg kunnen doen, omdat een voorwerp vol herinneringen zit of aan ons was gegeven door een dierbare vriend. Ja, zulke mooie redenen kunnen zeker bestaan, maar vaak is de belangrijkste reden gewoon dat het heel veel moeite kost om het weg te gooien.

Meestal geven we de voorkeur aan de weg van de minste weerstand. Iets weggooien kost moeite en het laten zoals het is, is absoluut de gemakkelijkste keuze. Maar als we het werk van minimaliseren blijven uitstellen, zullen we uiteindelijk door te veel spullen worden omgeven.

Als je echt als minimalist wilt leven, moet je van die wens je topprioriteit maken.

6 Er zijn grenzen aan de capaciteit van je hersenen, je energie en je tijd.

Ik had vroeger meerdere bankrekeningen en er zaten een hoop bankpassen in mijn portemonnee. Hoewel dit dunne pasjes waren die niet veel fysieke ruimte innamen, namen ze een hoop van mijn geheugen in beslag. Hoeveel stond er nog op elke rekening? Wanneer zou ik het geld moeten opnemen? Wat zou er gebeuren als ik een pas kwijtraakte en iemand die ging gebruiken? Alleen al naar de politie gaan om aangifte te doen van het verlies zou veel tijd in beslag nemen.

Met onze vijftigduizend jaar oude hersenhardware hebben we geen ruimte om tijd of energie te verspillen aan die pasjes en aan welke extra bezittingen dan ook. Het is verstandiger om ons systeem op te schonen en alle onnodige gegevens te deleten, zodat we vrij zijn om efficiënt en gelukkig te functioneren.

7 Doe nu meteen iets weg.

Misschien overweeg je wel om spullen weg te doen meteen nadat je het project hebt afgerond waar je nu mee bezig bent. Of misschien zeg je tegen jezelf dat je er op een dag aan toekomt, als het wat rustiger is. Maar we weten allemaal dat, zolang we worden geleefd door onze dierbare ouwe bezittingen, die dag nooit zal aanbreken.

We denken dat we pas minimalist kunnen worden als ons leven rustiger is geworden. Maar eigenlijk is het precies andersom: we zullen het niet rustig krijgen totdat we een minimalistisch leven leiden. Al die tijd die we zo wanhopig hard nodig hebben ligt binnen handbereik, maar die moeten we zelf vrijmaken door afscheid te nemen van al die extra spullen. Daarom is het een goed idee om er nu mee te beginnen. Maak er een topprioriteit van.

Spullen wegdoen vergt misschien wat vaardigheid, maar je hoeft die vaardigheid niet te perfectioneren voordat je in actie kunt komen. Wacht niet totdat je klaar bent met het lezen van dit boek. De beste manier om het aan te pakken is je vaardigheden aan te scherpen terwijl je bezig bent afscheid te nemen van je spullen. Waarom doe je niet nu meteen dit boek dicht en ga je iets weggooien?

Als je wacht totdat je er tijd voor hebt, zul je er nooit de tijd voor hebben. Dit is de eerste stap, nu meteen, naar een minimalistisch leven.

8 Er is geen enkel voorwerp waarvan je spijt zult hebben dat je het hebt weggegooid.

Sinds de tijd dat ik in mijn vorige, rommelige appartement woonde, denk ik dat ik mijn bezittingen heb teruggebracht tot ongeveer 5 procent van wat ik vroeger bezat. Dat is 950 van de 1000 voorwerpen. En weet je? Er is eigenlijk niet één enkel voorwerp dat ik mis. Zelfs als er ooit zo'n voorwerp is geweest, kan ik me niet eens herinneren wat het dan was. Zo onbeduidend waren al die spullen voor me. Er is echt geen enkel voorwerp waar ik aan denk en naar terugverlang.

Volgens mij is het deze angst voor spijt die ons ervan weerhoudt om afscheid te nemen. Dat is absoluut begrijpelijk: we hebben allemaal dat soort angsten. Maar als je je afvraagt of je dat tien jaar oude jack dat al eeuwen achter in je garderobekast hangt nog steeds nodig hebt, of die zeeschelpen die je van het strand opraapte toen je een kleuter was, zeg dan tegen jezelf dat er waarschijnlijk niet één ding is waar je spijt van krijgt dat je het wegdoet.

9 Begin met spullen die duidelijk rommel zijn.

De beste manier om gewend te raken aan spullen wegdoen is om er een gewoonte van te maken. Laten we aannemen dat je er een gewoonte van wilt maken om 's ochtends vroeg te gaan joggen. Een effectieve manier om dit te doen is op de eerste dag ernaar te streven naar de deur te gaan. Het doel voor de tweede dag is om dat te doen én je hardloopschoenen aan te trekken. Langzamerhand voeg je steeds meer toe aan je kleine prestaties om een groter doel te bereiken. Ichiro Suzuki, een van de beste honkbalspelers in Japan en Amerika, heeft gezegd dat het op elkaar stapelen van kleine prestaties de enige manier is om iets ongelooflijks te doen. Hetzelfde geldt voor spullen wegdoen. Misschien begin je door wat oude versleten slippers weg te gooien. De volgende dag doe je wat oude laarzen met gaten in de zolen weg. Dan trek je de stoute schoenen aan en gooi je de dag erop je muffe oude regenjas weg. Stukje bij beetje bouw je aan je prestaties.

Voordat we daar verder op ingaan, is een goede eerste basisstap om te beginnen met wat iedereen afval zou noemen. Gooi lege blikjes of voedselverpakkingen die niet worden gebruikt weg. Kijk in je koelkast en gooi eten weg dat over de houdbaarheidsdatum is. Gooi kleding met gaten erin weg. Gooi kapotte apparaten weg. Maak een begin door spullen op te ruimen die duidelijk afval zijn.

10 Gooi alles weg waar je meer exemplaren van hebt.

Het is gemakkelijk om spullen weg te gooien waar je er meer van hebt. Ga maar eens kijken. Heb je twee of drie scharen? Heb je een hele bos ongebruikte balpennen? Twee markeerstiften? We verliezen vaak uit het oog hoeveel dezelfde spullen we hebben omdat we geen vaste plek hebben om ze te bewaren. Op die manier begint onze woonruimte ook een rommeltje te worden. Hoe meer je hebt, hoe moeilijker het is om te weten wat je hebt.

Als je drie scharen hebt, kun je beginnen met één ervan weg te gooien. Het is gemakkelijk om te kiezen welke dat zal zijn: die waar je niet speciaal aan gehecht bent of die je nooit gebruikt. Met minder scharen kun je nog steeds knippen. Je kunt nog steeds schrijven met minder pennen.

Probeer het aantal exemplaren van wat je hebt terug te brengen tot één.

11 Gooi alles weg wat je een jaar niet hebt gebruikt.

Een essentiële methode voor het terugdringen van je bezittingen is om spullen weg te doen die je een jaar niet hebt gebruikt. Doe ook spullen weg waarvoor je geen duidelijke plannen hebt om ze in de toekomst te gebruiken. Je hoeft de deken of die donzen jas die je de komende winter gaat dragen niet weg te gooien. Hetzelfde geldt voor de badkleding die je in de zomer altijd draagt.

Maar als je iets gedurende de afgelopen vier seizoenen niet hebt gebruikt, heb je het waarschijnlijk niet nodig. De enige uitzondering zijn de noodmiddelen en -voorraden die je bewaart voor het geval dat er een ramp gebeurt.

Stof is niet erg aangenaam, maar het is een bruikbaar signaal om aan te geven dat het misschien tijd is te overwegen iets weg te gooien. Hoe dikker de laag stof, hoe minder we iets hebben gebruikt. Een voorwerp dat je het afgelopen jaar niet hebt gebruikt, zal waarschijnlijk niet opeens het volgende jaar of het jaar daarna noodzakelijk worden. En als er iets is wat je toevallig om de drie jaar gebruikt, waarom zou je het dan niet huren wanneer je het nodig hebt? Laten we de tijd en energie die we besteden aan het bewaren van spullen die we nooit gebruiken vrijmaken.

12 Gooi het weg als je het bewaart vanwege uiterlijke schijn.

Zoals ik in hoofdstuk 2 heb geschreven, gebruiken we voorwerpen om te laten zien wat we waard zijn. Dus zou je je kunnen afvragen of je sommige van je spullen hebt omdat je er echt aan gehecht bent, of omdat je er eigenschappen van jezelf mee wilt benadrukken.

We houden ons uiteraard allemaal bezig met hoe anderen ons zien. Het voelt goed om jezelf te presenteren als iemand die er een fantastische leefstijl op na houdt, omgeven door mooie keukenapparatuur, prachtige meubels, een stijlvolle auto en een duur horloge. Of misschien heb je het imago van een creatief type dat zich omgeeft met kunst en muziekinstrumenten. Iedereen doet zijn uiterste best om zijn bedoelde imago over te laten komen.

Maar de bezittingen waar we oprecht van genieten zijn de spullen die we vaak gebruiken en die niet veel inspanning nodig hebben om ze te onderhouden. Hoewel het verleidelijk kan zijn om uit te stralen hoe succesvol je bent, is het toch een goed idee om de spullen weg te doen die je alleen maar bezit om ermee te pronken.

13 Maak onderscheid tussen spullen die je wilt hebben en spullen die je nodig hebt.

Ik zal je een overdreven voorbeeld geven. Je bent een berg aan het beklimmen, maar je hebt niet de goede uitrusting. Je draagt dunne kleding, je weet niets over de omgeving en je verdwaalt. De temperatuur daalt, het begint te regenen en je rilt van de kou. Wanhopig vind je uiteindelijk een schuilhutje waar je naar binnen stapt en je ijskoude lichaam verwarmt met een deken. Die deken is een voorwerp dat je echt nodig hebt.

In ons leven van alledag zijn enorme hoeveelheden spullen echter op loopafstand of na een korte rit met de auto te koop. De allernieuwste elektrische apparatuur, exclusieve goederen en accessoires, mooie kleding volgens de nieuwste mode en alles wat we verder maar zouden willen hebben, is beschikbaar. Eén warme deken is genoeg als je gestrand bent op een berg, maar thuis zou je misschien nog een tweede deken in een mooie kleur willen hebben en dan nog een derde deken van hogere kwaliteit en van een duurdere stof.

Je kunt voorkomen dat je meer spullen koopt door je eenvoudig af te vragen of het iets is wat je echt nodig hebt. De boeddhistische monnik Ryunosuke Koike zegt dat hij zijn hand op zijn borst legt als hij niet zeker is of hij een bepaald voorwerp nodig heeft, en dat het onprettig voelt als het voorwerp alleen maar iets is wat hij wil. Dit onprettige gevoel is een symptoom van ontevredenheid, van de misvatting dat er iets ontbreekt in zijn leven, ook al heeft hij alles wat hij nodig heeft.

14 Neem foto's van de voorwerpen waar je moeilijk afscheid van kunt nemen.

Misschien vind je me sentimenteel, maar ik vind het fijn om foto's te nemen van de spullen die ik op het punt sta weg te doen, om de klap wat te verzachten. Dat is iets wat ik nog steeds van tijd tot tijd doe. Laatst nog heb ik een foto genomen van een oud nagelschaartje voordat ik het wegdeed. Je zult je waarschijnlijk afvragen wat ik met die foto's doe. Ik geloof niet dat ik er ook maar één keer naar heb gekeken. Ik neem ze om de herinneringen te bewaren die bij deze bezittingen horen.

Ik denk dat het weggooien van je materiële bezittingen en het weggooien van je herinneringen twee totaal verschillende handelingen zijn. Zolang je de foto's nog hebt, kun je je ervaringen terughalen. Een tekening die je kind op de basisschool heeft gemaakt, een souvenir van een vakantie, of een geschenk dat iemand je heeft gegeven: neem er foto's van en dan zal het gemakkelijker zijn om die spullen weg te gooien als je het gevoel hebt dat je dat niet kunt. Ik kan je uit ervaring vertellen dat het heel onwaarschijnlijk is dat je daadwerkelijk nog een keer naar de foto's kijkt. Ik heb duizenden foto's genomen en ik denk dat ik er bijna klaar voor ben om ze te wissen. Wanneer ik dat doe zal dat betekenen dat ik meer op het heden gericht ben geraakt. Totdat de dag komt waarop ik zonder er verder over na te denken onnodige spullen kan wegdoen, blijf ik fotograferen.

15 Het is gemakkelijker om je herinneringen nog eens te bekijken als je alles digitaliseert.

Als fan van analoge fotografie heb ik zoveel geld uitgegeven aan fotorolletjes en ontwikkelingskosten dat ik niet eens zou kunnen zeggen hoeveel. Ik nam altijd mijn favoriete compactcamera mee in mijn tas en ik vond het heerlijk om foto's te nemen, maar ik was niet zo goed in het organiseren van het materiaal. De afdrukken en de negatieven werden lukraak in tassen gestopt nadat ik ze had ontwikkeld en het werd onmogelijk te achterhalen wanneer ze waren genomen. Ik stopte ze in mijn kast en het was al een hele klus om ze er allemaal uit te halen.

Zodra ik had besloten minimalist te worden, scande ik al mijn afdrukken met ScanSnap, net als de brieven die ik in de loop der jaren van mensen had ontvangen, en maakte alles digitaal. Nu is het gemakkelijk om ze op mijn computer te bekijken als ik daar zin in heb, en omdat ik de data en de plaatsen in de namen van de mappen heb opgenomen, is alles overzichtelijk chronologisch gerangschikt. Door van alles een back-up te maken in de cloud heb ik over de hele wereld toegang tot mijn dierbare albums.

16 Onze spullen zijn net kamergenoten, behalve dan dat wij hun huur betalen.

In Japan wordt wel gezegd dat je een halve tatami nodig hebt om te kunnen zitten en een hele (ongeveer 1,5 m^2) om te kunnen slapen. Dat is eigenlijk alle ruimte die we nodig hebben. Als we daar een kamergenoot aan toevoegen, zou dat betekenen dat we genoeg ruimte moeten hebben voor nóg een tatami. In dat opzicht zou de huur niet toenemen als er een vriend bij je zou intrekken.

Maar of er nu wel of niet echt iemand bij je woont, we hebben allemaal een kamergenoot. Die noemen we 'Onze Spullen'. De ruimte die ze nodig hebben is veel meer dan die halve of hele tatami die ik zojuist beschreef.

We zouden allemaal wel in een mooie, ruime woning willen wonen. Maar als je er goed over nadenkt, willen we gewoon dat Onze Spullen in een prettige omgeving kunnen wonen. En wat krijgen we ervoor terug? Onze Spullen zullen geen bijdrage leveren aan de huur en ze zullen ons ook niet met de huishoudelijke taken helpen. In plaats daarvan creëren ze extra werk. Willen we echt de huur voor ze blijven betalen? Het is verstandiger om ze eruit te zetten.

17 Opruimen is niet hetzelfde als minimaliseren.

Wij Japanners hebben de gewoonte om aan het eind van het jaar grote schoonmaak te houden. We gooien wat spullen weg, we maken alles schoon wat rondslingert en we bergen het uit het zicht op. We proberen goed gebruik te maken van lege ruimten en bergen onze bezittingen op zodat ze niet in de weg zitten bij onze dagelijkse bezigheden. Maar naarmate de tijd verstrijkt krijgen we het druk met andere dingen, en uiteraard zitten we een jaar later weer met onze rommel. Tenzij we extreem kieskeurig zijn, zullen we uiteindelijk steeds weer deze cyclus doorlopen. Dat komt doordat opruimen niet hetzelfde is al minimaliseren.

In plaats van te vertrouwen op opruimtechnieken moet je je eerst richten op het verminderen van de hoeveelheid spullen die je moet opruimen. Zodra je dat doet zal je ruimte vanzelf minder rommelig worden; de cyclus wordt doorbroken. Ik heb zo weinig spullen in mijn appartement dat het gewoon niet rommelig wordt. Het concept van rommel heeft me verlaten!

18 Pak eerst de opbergers aan.

Hier is een heel goede tip voor het weggooien van spullen. Normaal gesproken ruimen we op door eerst de rommel in onze opbergruimten geleidelijk aan te verminderen, waarna we uiteindelijk onze opbergdozen zelf kunnen weggooien.

Maar laten we even de tijd nemen om na te denken over hoe we van ongedierte in huis afkomen. Gaan we de insecten een voor een verdelgen en na dat vervelende proces eindelijk aan het nest beginnen? Natuurlijk niet; het ongedierte zal zich sneller vermenigvuldigen dan dat wij het kunnen uitschakelen.

Hetzelfde is van toepassing op de nesten die we opslag noemen. Zelfs als we die grondig opruimen zullen we ze uiteindelijk weer gaan opvullen. Daarom is de effectiefste methode voor het opruimen om het nest zelf weg te doen.

Onze opbergdozen wegdoen? Ik kan je scepsis hier helemaal voelen. Onze bezittingen zullen overal verspreid door het huis komen te liggen als we geen goede plek hebben om ze op te slaan! Uiteindelijk zullen er overal stapels liggen! Gelukkig kunnen de meesten van ons de aanblik van zoiets niet verdragen en dan voelen we ons gedwongen er iets aan te doen, zoals spullen weggooien. Als onze bezittingen geen prettig huis meer hebben, zullen ze net als die vervelende insecten geen nest hebben. Ze zullen uiteindelijk verdwijnen.

19 Laat je 'ongebruikte' ruimte leeg.

Als we het hebben over het organiseren van je huis wordt het concept van 'ongebruikte' ruimte belangrijk. We zien een ruimte waarin we niets hebben neergezet en beschouwen die als ongebruikt. Uiteraard zetten we onze diverse vaardigheden aan het werk en proberen we de leegte op te vullen.

We zetten bijvoorbeeld onze wasmachine in een daarvoor bestemde ruimte van ons huis en merken dan dat boven de wasmachine ongebruikte ruimte is. In het bijzonder met de beperkte afmetingen van de appartementen in Tokio proberen we efficiënt gebruik te maken van wat we hebben. Wat we dus vaak doen is een plank ophangen boven onze wasmachine waar we handdoeken, wasmiddel, wasverzachter en bleekmiddel, enzovoort neerzetten.

Maar dat is uiteraard nog niet alles. Vaak plaatsen we nog een stang van de ene wand naar de andere, hangen er hangers en haken aan en zijn blij met de vernuftige opbergruimte die we hebben gecreëerd. Maar dit is eigenlijk een stap weg van downsizen, van een prettig leven. Zodra we extra bergruimte hebben, beginnen we onvermijdelijk extra spullen op te slaan. De voorwerpen aan die stang zullen uiteindelijk de stang doen buigen.

Een opslagruimte volgestouwd met onze bezittingen is als een drukke forensentrein. Het is geen geruststellende aanblik. En het kost meer tijd en inspanning dan we denken om haar in haar oorspronkelijke staat te houden. Eigenlijk geeft alleen open ruimte die leeg wordt gehouden ons gemoedsrust. Hoewel je hersenen ze in eerste instantie zullen beschouwen als 'ongebruikt', zijn die open ruimten ongelooflijk bruikbaar. Ze geven ons een gevoel van vrijheid en laten onze geest open voor de belangrijkere dingen in het leven.

20 Laat het idee van 'ooit' los.

Als we een elektrisch apparaat kopen, wordt dat meestal met een hoop hulpstukken geleverd. Denk maar aan alle delen voor je stofzuiger die je nooit hebt gebruikt. Waar is dat schroefje eigenlijk voor? Je bewaart allerlei onderdelen en kabels omdat je denkt dat je ze 'ooit' nodig hebt. Ik weet niet hoe het bij jou zit, maar ik heb eigenlijk nog nooit een garantiebewijs gebruikt. Ze gaan nu regelrecht de prullenbak in.

We denken altijd aan 'ooit'. We bewaren lege koektrommels of prachtige papieren zakken, met de gedachte dat ze ooit van pas zullen komen. We bewaren leerboeken van vreemde talen omdat we die ooit zullen gaan bestuderen. We komen aan al die hobbyspullen en -gereedschappen toe zodra het wat rustiger wordt. Ooit. Dat is wat we onszelf wijsmaken. Maar we weten intussen dat die tijd er waarschijnlijk nooit komt. Mag ik je een vriendelijke suggestie aan de hand doen? Laat dat 'ooit' los. Spullen die we nu niet nodig hebben, zullen we waarschijnlijk nooit nodig hebben.

21 Neem afscheid van wie je vroeger was.

Als je iets weggooit is het belangrijk om te bekijken of het iets is wat je nú nodig hebt. Net zoals het geen zin heeft om je voor te bereiden op de toekomst, heeft het geen zin om vast te houden aan wat er in het verleden is geweest.

De leerboeken die je op school hebt gebruikt, de boeken die je ogen voor de wereld hebben geopend toen je een kind was, die lievelingsoutfit waar je ooit van ging stralen... Herinneringen zijn heerlijk, maar je zult geen ruimte hebben om je te ontwikkelen als je zo gehecht bent aan het verleden. Het is beter om wat van die banden door te snijden zodat je je kunt richten op wat vandaag belangrijk is.

Vasthouden aan spullen uit het verleden is hetzelfde als vasthouden aan een beeld van jezelf uit het verleden. Als je iets wilt veranderen aan jezelf, stel ik voor dat je je vermant en begint spullen los te laten. Houd alleen de voorwerpen die je nú nodig hebt.

22 Gooi de spullen weg die je al vergeten bent.

Ik denk dat de ideale minimalist iemand is die een opsomming kan geven van alle voorwerpen die hij of zij bezit. We zouden ons onze bezittingen moeten kunnen herinneren als het allemaal noodzakelijke spullen zijn die we geregeld gebruiken, toch? Met andere woorden: als we zijn vergeten dat ze bestaan, dan is het duidelijk dat we ze niet echt nodig hebben.

Als je je appartement uitvlooit naar spullen die je weg kunt gooien, zullen er momenten zijn waarop je iets tegenkomt en tegen jezelf zegt: 'Wat, had ik dít?' Er zullen ongetwijfeld kleren zijn die onder of achter in je kast zijn weggestopt.

Of misschien denk je wel: ja, ik weet nog dat ik dit heb gekocht. Automatisch ga je je afvragen of die oude stukken misschien bij je huidige garderobe passen. Maar wacht eens even? Je hebt het al die tijd zonder gedaan. Ze zouden niet ergens onderop liggen als het spullen waren geweest die je nodig had.

Je zult die spulletjes die in de smalle ruimte tussen je tv-standaard en de muur zijn gevallen niet nodig hebben. Je had er al wanhopig naar gezocht als ze belangrijk waren.

Heb je dozen die je nog niet hebt opengemaakt sinds je naar je huidige huis bent verhuisd? Die heb je waarschijnlijk ook niet nodig. Dozen vol spullen die je bent vergeten kunnen bijna zeker worden weggegooid zonder er nog een keer naar te kijken. Toe maar, maak ze maar open en kijk er maar eens in als je het niet zeker weet. Maar vergeet niet wat we zojuist hebben besproken.

23 Ga niet creatief worden als je probeert spullen weg te doen.

We kunnen wonderbaarlijk creatief worden als we geen afscheid van iets willen nemen. Je zou bijvoorbeeld even de tijd kunnen nemen om tegen jezelf te zeggen: 'Deze lege koektrommel lijkt misschien nutteloos, maar wacht eens... Als ik die nu eens hergebruik om mijn medicijnen in op te bergen?'

'Ik zou eigenlijk afscheid moeten nemen van deze versleten boodschappentas... Maar wacht eens, ik zou hem kunnen gebruiken om mijn papieren tassen in te bewaren!'

'Deze parfumfles is misschien wel mooi, maar het wordt tijd dat ik hem weggooi. O, wacht eens even, ik heb zojuist een geweldig idee gekregen! Ik ga even naar de ijzerwinkel – morgen of overmorgen – en dan haal ik de snoeren die ik nodig heb om er een prachtige lamp van te maken!'

Grote kans dat de mooie lamp die je net hebt verzonnen er nooit komt. De meeste van deze gedachten zijn wanhopige ideeën die ons te binnen schieten omdat we eigenlijk geen afscheid willen nemen van onze oude bezittingen. We zijn op ons creatiefst als we proberen spullen weg te gooien. Hoe fantastisch die ideeën ook mogen zijn, het is waarschijnlijk verstandiger om ze te negeren.

24 Laat het idee varen dat je waar voor je geld moet krijgen.

Eén reden waarom we de neiging hebben te denken dat het zonde is om iets weg te gooien, is dat het voorwerp duur was toen we het kochten. Ergens in ons achterhoofd denken we dat we nog geen waar voor ons geld hebben gekregen. Maar de realiteit is dat dat waarschijnlijk nooit zal gebeuren.

Misschien heb je een outfit die je mooi vindt, maar is de maat niet helemaal goed. Hij is nog steeds als nieuw en je hebt er niet zoveel gebruik van gemaakt dat dat rechtvaardigt wat je ervoor hebt betaald. Natuurlijk is het moeilijk om zoiets weg te gooien.

Maar wat er werkelijk gebeurt, is dat de outfit ruimte inneemt in je huis en in je gedachten. Elke keer dat je ernaar kijkt, denk je eraan dat het een vergissing was dat je die prachtige outfit überhaupt kocht. Als je dat psychologische verlies in geld zou uitdrukken is het misschien niet zoveel, minder dan 1 euro per dag. Maar het blijft je geld kosten.

Of je nu wel of geen belangstelling hebt voor de aandelenmarkt, je zult het waarschijnlijk met me eens zijn dat het het verstandigst is om aandelen te lozen als ze blijven dalen zonder dat er uitzicht is op verbetering. Hetzelfde kan worden gezegd van het grootste gedeelte van onze bezittingen. We moeten het idee laten varen dat we waar voor ons geld zouden moeten krijgen en zo snel mogelijk ons verlies nemen. Op de lange termijn is het vriendelijker voor je portemonnee en beter voor je gemoedsrust.

25 Voorraden aanleggen is niet nodig.

De meesten van ons leggen voorraden aan van wc-papier, tissues en keukenrollen. Die extra voorraden zullen zeker van pas komen als ze ooit opraken; dan hoeven we niet naar de winkel te rennen. Bovendien kunnen we soms geld besparen als we in het groot inkopen. Dit zijn dagelijkse benodigdheden en die zullen we zeker gebruiken, toch?

Maar denk eens aan alle ruimte die ze innemen als je ze opslaat. Hoe meer ruimte je ze geeft, hoe meer ruimte ze zullen innemen, totdat je uiteindelijk een punt bereikt waarop je niet meer weet hoeveel je op voorraad hebt.

Stel je eens voor dat je op weg van je werk naar huis bij de drogist langsgaat en ziet dat de wattenstaafjes in de aanbieding zijn.

'Heb ik wel wattenstaafjes thuis? O, ze zijn in de aanbieding vandaag, dus neem ik gewoon een paar pakjes mee,' zeg je tegen jezelf. Dan kom je thuis en zie je tot je schrik dat je al genoeg voorraad had om een apotheek te openen.

Hier is een idee: begin met één extra pakje op voorraad te houden. Vul die niet aan. Je kunt nog een pakje kopen (één pakje maar) als ze de volgende keer op zijn. Het is een beetje egoïstisch om een hele hoop extra voorraad alleen voor jezelf te hebben, vooral in tijden van nood. Laten we dus de gewoonte aannemen om niet te hamsteren.

26 Als je er blij van wordt, helpt dat je te focussen.

In haar bestseller over de magie van opruimen kwam Marie Kondo met het fantastische motto dat je ergens blij van moet worden. De simpele methode van het aanraken van voorwerpen en alleen die spullen houden waar je blij van wordt, kan heel bruikbaar zijn.

Spullen waar je niet verliefd op bent, maar die je veel geld kosten, spullen die je niet goed hebt kunnen gebruiken en eerder een last zijn geworden, spullen die je hebt versleten door ze te vaak te gebruiken... Daar word je meestal niet blij van. Die test kan heel betrouwbaar zijn.

Aandacht schenken aan waar je blij van wordt is een manier om te focussen, niet op het verleden of de toekomst, maar op het heden. Het is een heel eenvoudige methode en je hebt er nauwelijks tijd voor nodig. Omdat de lat verrassend hoog kan liggen om ergens blij van te worden, zullen bezittingen die we niet konden wegdoen hun weg naar de vuilniszak vinden.

Om spullen weg te gooien is het noodzakelijk je af te vragen: 'Word ik blij van dit voorwerp of niet?' Dat is een effectieve manier om je bewuster te worden van je zintuigen.

Naarmate we verdergaan met minimaliseren en onze focus sterker wordt, kunnen we verder gaan dan antwoord geven op de vraag of we ergens blij van worden. In het tweede gedeelte van dit hoofdstuk zullen we terugkomen op dit idee.

27 Veilingen vormen een snelle manier om van je bezittingen af te komen.

Ik heb een paar veilingen gebruikt om veel van mijn bezittingen los te laten, waaronder de kleren die ik nauwelijks heb gedragen, mijn ongebruikte elektrische apparaten en mijn dierbare cameraverzameling. Die belangrijke les heb ik geleerd aan de hand van een deel van mijn fotografie-uitrusting – een combinatie van filmontwikkelaar en een fotoprinter – die ik vroeger bezat. Ik had het apparaat op een veiling gekocht voor ongeveer 150.000 yen (ongeveer 1.200 euro) – met een lening van een vriend – maar ik heb het nooit gebruikt. Ik bleef het apparaat bewaren met de gedachte dat, ondanks de moeite die het zou kosten om het op een veiling te koop aan te bieden, ik er toch ten minste 100.000 yen (ongeveer 800 euro) voor zou moeten kunnen krijgen. Uiteindelijk voelde ik de drang om er onmiddellijk van af te komen en heb ik het weggegooid. Ik vond het geld dat ik verwachtte ervoor te krijgen niet meer belangrijk; na die printer zo lang te hebben bewaard, moest ik er uiteindelijk voor betalen om ervan af te komen.

Sinds die tijd gebruik ik een plaatselijke veilingdienst die Quick-Do heet (er komen er over de hele wereld steeds meer bij), waar je gewoon een formulier invult en zij je voorwerp op een veiling te koop aanbieden. Ze rekenen verwerkingskosten, maar je hoeft je niet druk te maken over het gedoe van verkoop of verzending. Het is een heel handige dienst die ervoor zorgt dat je snel van je spullen afkomt terwijl jij achterover kunt leunen en kunt genieten van het kijken naar het bieden.

28 Gebruik veilingen om nog een laatste blik op je spullen te werpen.

Ik kon van een aanzienlijke hoeveelheid van mijn bezittingen afkomen via een plaatselijke veilingdienst. Er zijn natuurlijk ook online veilingsites, maar die vereisen wat inspanning: je moet foto's nemen van je voorwerpen en alle productinformatie invullen, bovendien ben je zelf verantwoordelijk voor het versturen van de goederen naar je klant.

Kouta Itou, een van de mensen die ik eerder heb voorgesteld, vindt dat veilingen, juist vanwege deze extra inspanning, de beste manier zijn om afscheid te nemen van je bezittingen. Kouta werd vroeger omringd door zijn muziekinstrumenten en -benodigdheden en is ze kwijtgeraakt via veilingen.

Hij raadt veilingen aan omdat de handeling van het maken van foto's en het beschrijven van je bezittingen je de kans geeft om de gevoelens die je had toen je die spullen ooit kreeg naar boven te halen.

Bovendien kun je dan nadenken over de redenen waarom het voorwerp niet meer nodig is. De voorbereiding op de veiling zet je ertoe aan na te denken over wat die bezittingen ooit voor je hebben betekend. Kouta zegt dat hij tijdens die procedures belooft dat hij nooit meer iets zal kopen wat hij niet nodig heeft. Door afscheid te nemen van zijn spullen op een veiling kan hij doorgaan met zijn leven.

29 Gebruik een ophaaldienst om van je spullen af te komen.

Je spullen inpakken en versturen nadat ze zijn geveild kan een hoop rompslomp zijn. Er is een gemakkelijkere manier: ga op zoek naar een ophaaldienst die bij je aan de deur komt. Hoewel ze niet zoveel betalen als wat je via een veiling zou kunnen krijgen, zijn dit soort diensten heel erg handig. Hun mensen komen naar je woning om je spullen te kopen en je hoeft niet eens moeite te doen om ze in te pakken. Ik gebruik vaak Takakuureru.com, waar je een enorme verscheidenheid aan spullen kunt verkopen. In Nederland heb je andere opties, zoals eBay of Marktplaats, of een kringloopwinkel.

Dit waren de mensen die me te hulp schoten toen ik van grotere bezittingen zoals mijn televisie wilde afkomen. Ik weet niet hoe de situatie in het buitenland is, maar in Japan moet je geld betalen als je dit soort voorwerpen naar de schroothoop wilt brengen. Ze kochten ook mijn PS3 en mijn geluidsinstallatie. Een tweedehandsboekenwinkel in Jimbocho, Tokio, kwam mijn verzameling van meer dan duizend boeken ophalen. Hoewel ik hen op elk afzonderlijk boek had kunnen laten bieden, accepteerde ik de voorgestelde prijs van 20.000 yen (ongeveer 160 euro) voor het hele zaakje. Het is mogelijk om zorgvuldiger te minimaliseren, maar ik denk dat het minimaliseren van de ínspanning die ervoor nodig is om te minimaliseren de sleutel tot succes is.

30 Staar je niet blind op de prijzen die je in eerste instantie hebt betaald.

Toen ik mijn plasmatelevisie van 42 inch kocht, kostte die me ongeveer 80.000 yen (ongeveer 650 euro). Ik heb hem verkocht voor 18.000 yen (ongeveer 150 euro).Voor mijn geluidsinstallatie heb ik 40.000 yen (ongeveer 320 euro) betaald en die verkocht ik later voor 5.000 yen (ongeveer 40 euro). Ik moet toegeven dat ik had verwacht dat ik ze voor hogere prijzen kon verkopen. Ze waren in goede staat en ik had ze maar een jaar of drie gebruikt. Maar toen besefte ik dat ik gefixeerd was op hoeveel ik had betaald toen ik deze producten kocht. Het is moeilijk afscheid te nemen van je bezittingen als je de huidige waarde ervan verwart met de oorspronkelijke prijzen.

Een nieuwe auto wordt een gebruikte auto op de dag dat je hem hebt gekocht. Net zo verliezen je bezittingen steeds meer waarde naarmate de tijd verstrijkt. Hoewel we de neiging hebben hoge prijskaartjes aan onze bezittingen te hangen, zouden we moeten proberen objectief na te denken over hun werkelijke waarde als ze aan andere mensen worden overgedragen. Laten we die ruime inschattingen van onze bezittingen vergeten. Dat maakt het gemakkelijker om er afstand van te doen.

31 Beschouw winkels als je persoonlijke voorraadkamers.

Auteur Daisuke Yosumi schrijft dat we winkels als onze persoonlijke pakhuizen moeten beschouwen. Al die winkels betalen flinke sommen geld om aan ruimte te komen om allerlei soorten goederen voor ons op te slaan en ze onderhouden hun voorwerpen met zorg. Buurtwinkels staan 24 uur per dag voor ons open. Yosumi suggereert dat we deze plekken niet moeten beschouwen als winkels waar we goederen kopen, maar in plaats daarvan als onze pakhuizen, waar we naartoe gaan als we iets nodig hebben.

Het is niet nodig om thuis een voorraadschuur te bouwen of een opberghok vol te stouwen met spullen en ons uiteindelijk verstikt te voelen. Het is geldverspilling om opslagruimte te huren. Japan heeft een enorme verscheidenheid aan winkels en ik weet zeker dat dat op andere plaatsen ook zo is. Ze staan altijd voor je open en ze bieden een uitstekend assortiment goederen. Veel van die 'pakhuizen' zijn vlak bij ons huis en er wachten mensen met glimlachende gezichten op ons. Denk eens aan de webwinkels: dat zijn ook enorme pakhuizen. Waarom zouden we, met zoveel handige pakhuizen om ons heen, er thuis eentje opzetten?

32 De stad is ons huis.

Ik begrijp het verlangen van mensen om een grote, comfortabele bank midden in een grote, comfortabele woonkamer te hebben. Ik zou het niet erg vinden om zelf ook zoiets te hebben. Maar ik vind niet dat die bank in onze huizen opgesteld hoeft te worden. Mijn 'woonkamer' is een eettentje bij mij in de buurt dat banken heeft die altijd gerieflijk en uitnodigend zijn, en niet te vergeten schoon en opgeruimd, en waar ik zo lang als ik wil kan zitten relaxen. Ook ga ik heel vaak naar een koffiebar waar ze nooit klagen, hoe lang ik er ook met vrienden bij kopjes vers gezette koffie zit te kletsen.

Geloof me, ik ben geen kluizenaar. Ik zou het heerlijk vinden om vrienden uit te nodigen voor een warme maaltijd, of coole hapjes voor een geweldig feestje te maken. Maar ben ik, voor de paar keer dat ik zo'n evenement zou organiseren, bereid het aantal spullen dat ik bezit uit te breiden en net te doen alsof ik niet merk hoeveel ruimte ze bij mij thuis innemen? Natuurlijk niet.

Dus zeg ik tegen mijn vrienden: 'Gezellig samen fonduen? Ja, dat klinkt geweldig. Maar dat kan niet bij mij thuis, want daar heb ik de spullen niet voor. Maar hoor eens, ik ken een plek waar je heel lekker kunt fonduen, dus waarom gaan we daar niet heen? Dan kunnen we daarna bij mij thuis wat gaan drinken als we nog door willen feesten.'

Als de hele buurt je huis is, zijn de mogelijkheden eindeloos.

33 Gooi alle bezittingen weg waar je geen hartstochtelijk gesprek over kunt houden.

In *Jiyuude aritsuzukeru tameni nijuudaide suterubeki gojuuno koot* (Vijftig dingen die je voor je dertigste kwijt moet raken om vrij te blijven) schreef Daisuke Yosumi over dit concept. Hoe meer je van je bezittingen houdt, hoe meer kennis je zult hebben van de merken en hun achtergrond. Bij spullen waar we echt waarde aan hechten voelen we een soort verwondering.

Waarom bezitten we een bepaald product als er zoveel producten zijn waaruit we konden kiezen? Er moet een goede reden voor zijn waarom het nou precies dát product moest zijn.

Een voorwerp dat we met passie hebben gekozen, vertegenwoordigt perfectie voor ons. Spullen die we zomaar terloops oppikken zijn echter gemakkelijke kandidaten voor weggooien of vervangen. We zijn vrijwel altijd minder tevreden met de spullen die we onbewust hebben verzameld. Ik denk dat ons leven er beter op wordt als onze bezittingen passie bij ons teweegbrengen. Zolang we alleen spullen bezitten waar we echt van houden, zullen we niet zo snel meer spullen willen hebben.

34 Als je het kwijtraakte, zou je het dan opnieuw kopen?

Een belangrijke manier om je passie te bepalen voor iets wat je bezit is je af te vragen: 'Als ik dit op de een of andere manier kwijtraakte, zou ik het dan weer willen kopen voor de volle prijs?'

Als het antwoord ja is, is dat voorwerp iets waar je echt van houdt. Dan is het voor jou een noodzaak.

Maar als je dat ding niet opnieuw wilt kopen, is er duidelijk iets aan het product wat je niet bevalt. Misschien houd je het wel omdat het 'goed genoeg' is. Maar dat is niet goed genoeg. Neem afscheid van die 'gaat wel'-spullen.

Het zijn de spullen die je opnieuw zou willen kopen die je echt een gevoel van tevredenheid geven.

35 Als je je niet kunt herinneren hoeveel cadeaus je hebt gegeven, maak je dan niet druk over de cadeaus die je hebt gekregen.

Cadeaus zijn erg moeilijk weg te gooien. We voelen ons schuldig als we iets willen weggooien wat iemand ons als geschenk heeft gegeven; het lijkt harteloos. Maar neem even de tijd om na te denken over een cadeau dat jíj aan iemand hebt gegeven. Die spullen blijven ons meestal niet zo duidelijk bij als de spullen die we hebben gekregen.

Ik heb mensen nooit gevraagd of ze iets gebruiken wat ik hun heb gegeven. Als een van mijn cadeaus nutteloos bleek voor de ontvangers, hoop ik dat ze het niet erg vinden om het weg te gooien. Het laatste wat ik wil is dat mijn cadeau ruimte inneemt in hun woning.

Als je thuis een geschenk hebt waarover je je schuldig voelt dat je het niet gebruikt, is het beter om daar gewoon voor uit te komen en het weg te gooien. Als iemand boos wordt als hij of zij erachter komt dat je iets hebt weggegooid wat hij of zij je in het verleden heeft gegeven, betekent dat dat jullie relatie in het heden minder belangrijk is. In dat geval is het misschien sowieso beter om afstand te nemen van die persoon. Ik weet dat ik niet iemand zou willen worden die gevoelens van liefde of vriendschap alleen via materiële objecten kan overdragen.

36 Probeer je voor te stellen wat de persoon die is overleden zou hebben gewild.

Bij cadeaus is het al moeilijk, maar het wegdoen van bezittingen van een dierbare die is overleden lijkt wel onmogelijk. We vinden het zó belangrijk om onze herinneringen aan die persoon te koesteren dat we de neiging hebben diens spullen te bewaren, ook als we er absoluut niets aan hebben. Begrijp me niet verkeerd: ik vind het een ongelooflijk mooi en menselijk sentiment. Maar stel je voor dat jij degene was die was overleden. Zou je willen dat de mensen die je achterliet vertwijfeld of bezwaard waren over iets wat je hun had nagelaten? Zou je niet willen dat ze vrij en gelukkig leefden zonder zich druk te maken over materiële objecten?

De Japanse schilder Ryuzaburo Umehara liet een testament na waarin stond dat er geen begrafenis hoefde te komen en dat er geen condoleances zouden worden geaccepteerd. Hij schreef dat de levenden niet belast moesten worden omwille van de overledenen.

Ik denk dat het meer betekenis heeft om te proberen de woorden van overleden vrienden of familieleden te herdenken of de dingen te koesteren die ze voor je hebben gedaan toen ze nog leefden, dan tijd te besteden aan het bewaren van hun bezittingen.

37 Een aandenken weggooien is niet hetzelfde als herinneringen weggooien.

Tatsuya Nakazaki, een striptekenaar die bekend is geworden door zijn strip *Jimihen*, is grondig als het op minimalisme aankomt. Hij schreef het volgende in zijn boek *Motonai otoko* (De man die niets bezit): 'Ik geloof niet dat er enige relatie is tussen ons verleden en foto's, een aandenken en dagboeken. Zelfs als we foto's en aandenkens zouden weggooien die veel gedenkwaardige momenten bevatten, blijft het verleden in onze herinnering. Ik denk niet dat het erg is om voorwerpen weg te gooien; het betekent niet dat we ons verleden weggooien. Als we een bepaalde herinnering vergeten, is het waarschijnlijk niet erg om het te vergeten, het is iets onnodigs. De belangrijke herinneringen die we bij ons dragen zullen aanwezig blijven.'

Het zijn herinneringen die we ons voor de geest kunnen halen zonder hulp van voorwerpen die belangrijk zijn. Door onze extra bezittingen weg te doen, denken we aan de belangrijke dingen uit ons verleden zonder dat we worden afgeleid door al die overbodige aandenkens.

38 Onze grootste voorwerpen roepen kettingreacties op.

Laten we eens aannemen dat we zijn overgestapt van één smartphone op twee smartphones. Dan moeten we beseffen dat we niet alleen een smartphone aan ons leven hebben toegevoegd. Misschien kopen we een hoesje voor de nieuwe smartphone, brengen we er een beschermfolie op aan, kopen we een powerbank, hoesjes voor over de koptelefoonplug en natuurlijk een riem. Voordat je het weet, hebben we vijf nieuwe voorwerpen verzameld. Spullen hebben de neiging om meer spullen te verzamelen.

Als we een computer kopen, zijn er geen grenzen aan de extra's die we uiteindelijk waarschijnlijk kopen: een bureau, een printer, een scanner, usb-sticks, een externe harde schijf, tekstverwerkingssoftware, opruimtools, enzovoort. Omgekeerd zullen we ook veel voorwerpen in één keer kunnen weggooien als we de oorspronkelijke bron wegdoen. Toen ik mijn televisie verkocht kon ik ook mijn PS3, de harde schijf om op te nemen en de bijbehorende geluidsinstallatie, die alles aan elkaar verbond, wegdoen. Alle kabels en adapters, inclusief de stekkers, gingen de deur uit. Als we de moed verzamelen om onze grootste bezittingen weg te doen, levert dat heel veel mogelijkheden op om meer spullen weg te doen.

39 Ons huis is geen museum; het heeft geen collecties nodig.

Er zijn mensen die bijzondere verzamelingen hebben die het waard zijn om te behouden. Een paar voorbeelden van zulke mensen zijn: Shigeru Kashima, onderzoeker van literatuur en verzamelaar van dure oude boeken uit Frankrijk; Shin Sofue, een ontwerper die Soseki Natsume's literaire meesterwerk *Botchan* in diverse gedrukte edities verzamelt. De verzamelingen die die mensen hebben zijn echt onbetaalbaar en horen in een museum. Takuro Morinaga, een econoom die bekendstaat om zijn voorliefde voor speelgoedauto's, schijnt daadwerkelijk een museum voor zijn verzameling te hebben gecreëerd.

Maar voor de meesten van ons geldt dat onze verzamelingen niet onbetaalbaar en museumwaardig zijn. Toch nemen ze thuis heel veel ruimte in. De spullen die echt waardevol zijn worden vast ergens door iemand anders professioneel verzameld en op de juiste manier opgeslagen. Wat verzamelingen betreft moet je moedig zijn. Doe ze weg. Onze huizen zijn geen musea. We kunnen altijd nog een echt museum bezoeken om zeldzame, prachtige objecten te zien.

40 Wees sociaal; ga lenen.

Ik was geschokt toen ik in Mai Yururi's boek *Watashi no uchi niwa nanimo nai* (Er staat niets in mijn huis) had gelezen dat ze het jaarboek van haar middelbare school had weggegooid. Ik vond dat ze haar bijnaam, *Sute-hentai* (Mafkees die geobsedeerd is door het weggooien van spullen), echt waard was als ze zoiets onvervangbaars als dat jaarboek weggooide. Maar na een tijdje besefte ik dat de meeste mensen hun jaarboek bewaren. Yururi had afscheid genomen van een voorwerp dat honderden van haar klasgenoten nog steeds hadden; het was helemaal niet uniek of onvervangbaar.

Het verlangen om spullen te bewaren kan worden gezien als een verlangen om te voorkomen dat je iemand anders om iets moet lastigvallen. Maar het enige wat je daarmee doet is je afsluiten van de wereld. Als je opeens een wanhopige drang voelt om je oude jaarboek in te kijken, hoef je alleen maar contact op te nemen met je oude vrienden en aan hen te vragen of je het mag inzien. Hoewel je het gevoel kunt hebben dat je hen hiermee lastigvalt, zullen ze in de praktijk waarschijnlijk maar al te blij zijn omdat ze de gelegenheid krijgen om samen een tijdje herinneringen op te halen. Iedereen die je een dergelijk nostalgisch verzoek weigert, is geen echte vriend. Zolang je er maar aan denkt dat je je dankbaarheid toont, zul je niet lastig zijn. Je vriendschap zal er waarschijnlijk juist hechter door worden.

41 Huur alles wat je maar kunt huren.

Tegenwoordig kun je een wonderbaarlijke hoeveelheid voorwerpen via internet huren. Als je iets maar één keer per jaar nodig hebt, is het misschien praktischer om het gewoon te huren. Zo worden er elk jaar heel veel lange cameralenzen uitgeleend als scholen hun sportdag organiseren: denk eens aan al die ouders die vechten om de juiste camerastandpunten om de beste opnamen van hun kinderen in actie te krijgen. Als je niet vaak op vakantie gaat naar het buitenland is het misschien handig om je koffer te huren zodat je geen plek hoeft te vinden om hem op te bergen. Als je belangrijke documenten wilt opruimen die zich in de loop van het jaar hebben opgestapeld, kun je een scanner huren en van al dat papier pdf-bestanden maken. Je zou ook kleren voor je kinderen kunnen huren om te dragen voor een eenmalig evenement, hogedrukschoonmaakmachines voor grote klussen, bergbeklimmersuitrusting of duikuitrusting en je kunt zelfs blitse outfits huren die gestyled zijn door een professional.

Waarom huur je niet eens een keer iets op proef en koop je het vervolgens als je het echt vaak gebruikt en je er dol op bent geworden? Als je bedenkt wat een rompslomp het is om de meeste voorwerpen te onderhouden, is huren een verrassend handige en betaalbare oplossing.

42 Sociale media kunnen je extra motiveren om te minimaliseren.

Een handig trucje wanneer je op dieet gaat om af te vallen is iedereen erover te vertellen. Dit werkt ook wanneer je je bezittingen wilt verminderen. Het is gemakkelijk om smoezen te verzinnen als je het in je eentje doet, maar we geven allemaal om wat andere mensen van ons denken, dus waarom zouden we dat niet in ons voordeel gebruiken? Je kunt bijvoorbeeld sociale media gebruiken om mensen te vertellen dat je je kledingverzameling gaat halveren en het proces openbaar maken. Deel foto's van de voorwerpen die je hebt weggedaan, of de binnenkant van je kast terwijl die langzamerhand wordt opgeruimd. Anders dan wanneer je dit in je eentje probeert te doen, zul je aanmoedigingen krijgen van je vrienden, en dat zal je motivatie versterken.

Ik heb ook foto's van mijn appartement op mijn blog gezet, en ik denk dat dit heeft geholpen om mijn minimaliseerproces te versnellen. Er is de afgelopen tijd ook een trend onder minimalisten om voorwerpen die ze niet meer nodig hebben op sociale media aan mensen aan te bieden. Dat helpt om je schuldgevoel te verlichten dat je spullen weggooit en het geeft je ook een goed gevoel als je weet dat jouw bezittingen nuttig zijn voor iemand anders.

43 Wat zou er gebeuren als je helemaal opnieuw begint?

In een tot nadenken stemmende film die *My Stuff* heet verzamelt de hoofdpersoon al zijn bezittingen, zet ze in een opslagruimte en haalt er slechts één voorwerp per dag uit. Op de eerste dag heeft hij niets bij zich; hij rent naar zijn opslagplaats met niets anders dan een krant om zijn geslachtsdeel achter te verbergen. Hij haalt een jas op en slaapt op de harde vloer.

De film was een experiment om te laten zien wat echt belangrijk is. Hoewel we misschien niet tot hetzelfde uiterste willen gaan, kunnen we er wel over fantaseren dat we het experiment doen. Vraag je af welke voorwerpen echt noodzakelijk zouden zijn als je met nul bezittingen zou beginnen. Stel dat alles wat je bezat werd gestolen? Stel dat je volgende week zou moeten verhuizen? Welke voorwerpen zou je dan meenemen? Er zijn waarschijnlijk veel spullen die zonder specifieke reden in je huis staan. Bedenk eens hoe het zou zijn om helemaal opnieuw te beginnen. Dan zal duidelijk worden welke voorwerpen essentieel zijn voor jou.

44 Zeg 'tot later' voordat je vaarwel zegt.

Als je niet zeker weet of je echt afscheid van iets wilt nemen, moet je eens proberen het tijdelijk weg te bergen. Een techniek die minimalisten vaak gebruiken is om alle spullen waarvan ze overwegen ze weg te doen te verzamelen in een doos of in een kast. De truc is om de voorwerpen weg te bergen op een plek waar ze niet thuishoren. Ze kunnen zelfs in een vuilniszak worden gestopt, zodat ze in de wacht staan om weggegooid te worden. Ook al zitten ze in een vuilniszak, dat betekent nog niet dat je ze al echt hoeft weg te gooien.

Er gaat een week of een maand voorbij – de periode hangt af van het soort voorwerpen – en als je het prima zonder hebt gered, is het antwoord duidelijk: je hebt ze niet nodig. Als er tijdens die periode behoefte ontstaat aan een aantal van die voorwerpen hoef je die niet weg te gooien.

Door 'tot later' te zeggen creëer je wat afstand tussen jou en je bezittingen, waardoor je kunt nadenken over wat ze werkelijk voor je betekenen. Het is eigenlijk wel grappig om te zien hoe je relatie met je spullen een beetje kan lijken op je relaties met mensen.

45 Gooi alles weg wat visueel lawaai maakt.

De voorwerpen die ik thuis heb zijn wit, beige, grijs of de kleur van hout, vriendelijk voor het oog en in harmonie met elkaar. De balans wordt verstoord als ik iets heb in een flitsende neonkleur of een primaire kleur die te fel is. Dan vallen ze te veel op en verstoren ze de vredige sfeer. Bleekmiddel zit bijvoorbeeld soms in een mintkleurige fles met een felroze dop. Schoonmaakmiddelen zijn vaak felgekleurd, waarschijnlijk in een poging mensen te waarschuwen voor hun mogelijke schadelijke effecten.

Giftige wezens zijn vaak opvallend gekleurd, waarmee ze visuele signalen uitzenden dat je uit de buurt moet blijven. Hun felle kleuren zijn niet bedoeld om je een ontspannen gevoel te geven. Voorwerpen met zulke kleuren komen je blikveld binnen, en daarmee je bewustzijn, zelfs als je er niet specifiek aandacht aan besteedt. Kleine dingen met mooie kleurtjes zijn absoluut leuk. Maar grotere voorwerpen met felle kleuren zullen visuele vermoeidheid en daarna verveling veroorzaken. Je zult niet zo snel moe worden van objecten die er rustiger uitzien en minder prikkelend zijn, en ze kunnen over het algemeen voor langere perioden worden gebruikt.

46 Eén erin, één eruit.

Dit is een van de gouden regels van minimaliseren: als je iets wilt kopen doe dan eerst iets anders weg. Zelfs tijdens het proces van minimaliseren zullen er nieuwe voorwerpen zijn die we nodig hebben. Je kunt beginnen door twee of drie voorwerpen weg te doen als je één nieuw voorwerp koopt. Zodra je alleen nog je essentiële bezittingen hebt, kun je je houden aan de 'één erin één eruit'-regel.

Met kleding kun je van tevoren bepalen hoeveel kledinghangers je houdt om je te helpen je aan dit principe te houden. Je kunt je kledingverzameling niet laten toenemen omdat je niets hebt om iets nieuws aan op te hangen.

We moeten hier opmerken dat deze regel van 'één erin één eruit' alleen voor voorwerpen van hetzelfde type geldt. Als we bijvoorbeeld een nieuwe jas kopen nemen we afscheid van een oude. Het heeft natuurlijk geen zin om een nieuwe magnetron te kopen en een oud gummetje weg te gooien, toch?

47 Vermijd de Concorde-denkfout.

Heb je ooit gehoord van de 'Concorde-denkfout'? De ontwikkeling van de Concorde, een supersonisch straalvliegtuig, kostte ongeveer 3,4 miljard euro. De regeringen van Groot-Brittannië en Frankrijk bleven maar geld in het project steken, zelfs toen duidelijk was dat het vliegtuig geen commercieel succes zou worden, en het hele proces leidde uiteindelijk tot een verlies van ongeveer 8,5 miljard euro. Zelfs als we weten dat het vooruitzicht niet erg gunstig is, is het moeilijk om met iets te stoppen als je kijkt naar de tijd, de inspanning en de kosten die er al in zijn gestopt.

Dit gebeurt voortdurend. Ik heb op internet een hybridefiets gekocht voor maar 5.000 yen (ongeveer 40 euro) en die aankoop wakkerde mijn belangstelling voor fietsen aan. Vervolgens kocht ik een gereedschapsset en begon de fiets in elkaar te zetten. Raad eens wat er toen gebeurde? Ik dacht na over de aankoop van de 5.000 yen waarmee ik was begonnen en zei tegen mezelf: 'Wat is nou nog eens 10.000 yen (ongeveer 80 euro) als ik in eerste instantie zo weinig heb betaald?' Uiteindelijk heb ik meer dan tien keer zoveel uitgegeven als het beginbedrag. Argh. Je kunt dit effect ook zien wanneer we *add-ins* of upgrades voor de spelletjes op onze smartphones kopen. Soms weten we niet wanneer we moeten stoppen en uiteindelijk verspillen we dan te veel geld en tijd. Kijk uit voor spullen die kunnen leiden tot de Concorde-denkfout.

48 Geef fouten snel toe. Die helpen je om te groeien.

We hebben het allemaal weleens gedaan: we gaan winkelen, kopen een kledingstuk dat ons in de winkel goed staat, nemen het mee naar huis, dragen het een paar keer en laten het dan in de kast hangen. We hebben ons geld er nog niet uit gehaald dus is het moeilijk om het kledingstuk weg te gooien. Het is tenslotte nog nieuw. Waarom doen we die miskopen?

Misschien vonden we het kledingstuk niet écht leuk, maar was de winkelmedewerker erg vriendelijk. Of paste het niet zo goed, maar zagen we iemand anders het dragen en stond het bij die persoon geweldig. Misschien was het zo goedkoop dat we het gewoon niet konden laten liggen. Ook al waren er genoeg waarschuwingssignalen, we negeerden ze ten gunste van de schijnbare voordelen. Dat soort fouten maak ik nog steeds.

Wanneer we zulke miskopen doen, is het het beste om het voorwerp zo snel mogelijk te lozen. Het is niet gezond om meer tijd te besteden aan een voorwerp dat 'mislukking' uitstraalt. Erken in plaats daarvan zo snel mogelijk je fout en leer ervan, zodat je de volgende keer een slimmere keuze maakt.

49 Beschouw kopen als huren.

Een vriend van mij koopt heel veel kleren maar zorgt ervoor dat hij alle labels in een tas bewaart. Hij draagt zijn kleren één seizoen en verkoopt ze dan op een veiling, samen met de labels die hij heeft bewaard. Met de labels erbij kan hij zijn goederen voor betere prijzen verkopen, soms voor meer dan waarvoor hij ze heeft gekocht. Hij vertelt me dat hij zijn kleren beschouwt als 'gehuurd van de winkels' en als het tijd is om ze 'in te leveren', verkoopt hij ze aan iemand anders.

Ik vind dit best een intrigerend idee. Wanneer je doet alsof de kleren die je koopt gehuurd zijn, behandel je ze met meer zorg. Dan kun je ze in betere staat recyclen en zul je niets verspillen. Als we onze aankopen als tijdelijke bezittingen beschouwen, houdt dat ons bescheiden en hebben we er meer waardering voor.

50 Koop het niet alleen omdat het goedkoop is. Neem het niet mee omdat het gratis is.

Als mensen iets kopen voor 20 euro wat 50 euro waard is, denken ze meestal dat ze 30 euro hebben bespaard. Het is net alsof ze daadwerkelijk 30 euro hebben gekregen door dat specifieke product te kopen. Maar we denken nooit na over de ruimte die we nodig hebben om dat voorwerp in ons huis op te bergen. Laten we eens een rekensommetje doen aan de hand van mijn huur.

In mijn geval is de maandelijkse huur voor mijn appartement 67.000 yen (ongeveer 525 euro) voor 20 m^2, wat ongeveer neerkomt op 3.000 yen (ongeveer 25 euro) per vierkante meter. Als het bovenstaande voorwerp dat ik heb gekocht voor 2.000 yen (ongeveer 15 euro) een ladekast van 1 m^2 was, zou de 3.000 yen die ik bespaard dacht te hebben meteen zijn weggevaagd door de ruimte die de kast innam. Het is gevaarlijk om iets te kopen alleen omdat het goedkoop is.

Zelfs iets wat gratis is kan riskant zijn. Zodra je iets bezit zul je je ervan bewust zijn, en alleen dat al heeft ruimte in onze hersenen nodig. Ook kost het tijd en moeite om het voorwerp te onderhouden en ervoor te zorgen, wat het ook moge zijn. Dan blijkt dus dat dat 'gratis' voorwerp je geld kost. Als we dat in gedachten houden, kan het ons helpen om te voorkomen dat we te veel spullen verzamelen, alleen omdat ze toevallig goedkoop of gratis zijn.

51 Is het geen 'ja, natuurlijk!' dan is het 'nee'.

Als we overwegen iets weg te doen, lopen we soms vast terwijl we de voor- en nadelen tegen elkaar aan het afwegen zijn. Maar bedenk dit: als we blijven twijfelen komt dat doordat we vinden dat die twee keuzes gelijkwaardig zijn. We proberen niet te beslissen tussen bijvoorbeeld een geschenk van 10 of 100 euro, maar tussen een cadeau van 1,00 en 1,01 euro.

Als dat ongeveer de reikwijdte is van het verschil waarmee we te maken hebben, kunnen we net zo goed dapper zijn en afscheid nemen van het voorwerp. Als je overweegt het aantal spullen dat je bezit te reduceren, raad ik je aan iets weg te doen zodra je je begint af te vragen of je dat wel of niet zult doen.

Ik ken een leuke uitspraak die luidt: 'Als het geen "ja, natuurlijk!" is, dan is het "nee".' Als we ons afvragen: 'Moet ik dit weggooien,' kunnen we dat omdraaien: 'Als het geen "nee, natuurlijk niet!" is, dan is het "ja".' Deze uitspraak zal ons helpen alles weg te doen behalve de spullen waar we echt geen afscheid van kunnen nemen. En we zullen heel goed zonder die spullen kunnen.

52 De spullen die we echt nodig hebben, zullen altijd weer bij ons terugkomen.

De meesten van ons zijn bang dat als we iets weggooien, we het misschien nooit meer zullen terugzien. Maar als we ons over zulke dingen druk gaan maken, zullen we nooit van iets af komen. Tegenwoordig kunnen we bijna alles op het internet vinden. Een boek dat niet meer wordt gedrukt en moeilijk te vinden is in tweedehandsboekwinkels kun je kopen bij Amazon.com. En er zijn talloze veilingsites waar je unieke spullen kunt vinden.

Grote kans dat je nooit iets zó erg zult missen dat je depressief wordt of er spijt van krijgt. Als zoiets wel gebeurt, dan zul je er altijd wel de hand op weten te leggen. Je zult een boek kunnen lezen dat je opnieuw wilt lezen en ergens zal er altijd wel iemand zijn die het voorwerp heeft dat je zo graag wilt zien. Als je het zo erg mist dat je er 's nachts niet van kunt slapen, kun je altijd de huidige eigenaar ervan smeken om het terug te geven of de winkelier vragen je er nog een te sturen. Er zijn maar heel weinig spullen die volkomen onbereikbaar zullen worden.

53 Behoud de dankbaarheid.

We nemen afscheid van spullen die we als geschenk hebben gekregen. We nemen afscheid van spullen die vroeger toebehoorden aan iemand die is overleden. We nemen afscheid van spullen die we eigenlijk niet goed kunnen gebruiken. Op die momenten zouden we de gevoelens van dankbaarheid moeten omarmen.

Iemand heeft je iets gegeven, maar je hebt het niet nodig. Hoewel we er misschien niet specifiek bij stilstaan, zullen we daar diep in ons hart altijd een beetje wrok over koesteren. Vasthouden aan dat voorwerp ondanks die wrok is respectloos ten opzichte van de gever en een verspilling van je energie.

Ik denk dat het veel mooier is om te focussen op je dankbaarheid naar die persoon als je vaarwel zegt tegen wat hij of zij je heeft gegeven. Dat sterke gevoel van waardering zal bij ons blijven, zelfs nadat het voorwerp weg is, en dat is waar het echt om gaat.

54 Spullen weggooien kan verspilling zijn. Maar het schuldgevoel waardoor je je van minimaliseren laat weerhouden, is pas echt verspilling.

Ik vind ook dat het verspilling is om iets weg te gooien wat nog gebruikt kan worden. Ik hou er niet van om spullen zomaar in de vuilnisbak te gooien en ik probeer mijn spullen zo weg te doen dat ze door iemand anders kunnen worden gebruikt.

Maar de echte verspilling is de psychologische schade die je oploopt door spullen te houden die je niet gebruikt of niet nodig hebt.

Je voelt je schuldig als je kijkt naar spullen die je van iemand cadeau hebt gekregen of die je hebt gekocht maar die je nooit gebruikt. Ze zijn misschien nog steeds bruikbaar en het zou zonde zijn om ze weg te gooien. Maar door die voorwerpen te houden, verzeker je je ervan dat je je vandaag, morgen en ook daarna nog zo zult voelen. En dát vind ik pas echt zonde.

55 De spullen waar we vaarwel tegen zeggen, zijn de spullen die we ons voor altijd zullen blijven herinneren.

Ik heb elke brief die ik ooit heb ontvangen gescand en alle originelen weggegooid. Onder die brieven is er één die ik nooit zal vergeten. Het is een gids met treinroutes die mijn moeder met de hand voor me heeft uitgeschreven. Ik ging weg uit mijn geboorteplaats in de prefectuur van Kagawa toen ik me inschreef aan een universiteit in Tokio. Mijn moeders gids liet gedetailleerd zien op welke treinen ik moest overstappen zodra ik aankwam op vliegveld Haneda, zodat ik de monorail kon nemen, daarna de Yamanote-lijn, dan de Seibu-Shinjuku-lijn, enzovoort. Ik heb niet echt een goed richtingsgevoel en in die tijd hadden we geen smartphones. Ik vraag me af hoe mijn moeder zich voelde toen ze me zag vertrekken naar Tokio.

Ik was vergeten dat ik die handgeschreven treinroutegids nog had; hij was bedolven onder de stapels brieven die ik had bewaard. Pas toen het moment kwam om het allemaal weg te gooien, besefte ik hoe waardevol hij voor me was. Zoals we weten hoeft spullen weggooien niet per se te betekenen dat we onze herinneringen weggooien. Eigenlijk garandeert de handeling van vaarwel zeggen dat die herinneringen voor eeuwig bij ons blijven.

Nog eens 15 tips voor de volgende fase van je minimalistische reis

1 Minder spullen betekent niet dat je minder tevreden bent.

De Amerikaanse dichter Allen Ginsberg heeft ooit opgemerkt dat als je twee keer zoveel aandacht schenkt aan je vloerkleed, dat hetzelfde betekent als twee vloerkleden bezitten. Het aantal bezittingen dat je hebt, is niet relevant voor de mate van tevredenheid die je eruit haalt.

Er wordt wel gezegd dat een bezitting hebben betekent dat je weet dat je iets bezit en dat je je sterk bewust bent van dat eigenaarschap. Zo functioneren onze hersenen. Als je je scherp bewust bent van een kleine verzameling dierbare bezittingen, in plaats van een vaag besef van een grote stapel 'gaat wel'-bezittingen, kan dat de tevredenheid die we halen uit onze spullen verdubbelen of zelfs verdriedubbelen.

We voelen een grotere tevredenheid wanneer we één onvervangbare koffiekop bezitten en koesteren dan wanneer we twee of drie mokken hebben waar we niet bijzonder gek op zijn. Als we het aantal spullen dat we bezitten terugdringen, vermindert dat onze tevredenheid niet.

2 Probeer jouw unieke uniform te vinden.

Steve Jobs droeg altijd dezelfde kleren: een zwarte coltrui van Issey Miyake, een Levi's 501 en sneakers van New Balance, die zelfs fungeerden als zijn outfit voor presentaties in het openbaar. Facebook-oprichter Mark Zuckerberg lijkt gesteld te zijn op een grijs T-shirt. Van Einstein wordt gezegd dat hij altijd hetzelfde type jasje droeg. De tijd die anderen besteedden aan het uitzoeken van kleren en het najagen van trends gebruikten deze mensen om aandacht te schenken aan de dingen die voor hen het belangrijkst waren.

We hebben niet veel kleren nodig om een schoon, prettig leven te leiden. Hoewel anderen hun uiterlijk misschien graag willen variëren, is het ergens wel stijlvol om steeds dezelfde kleren te dragen die perfect voor ons zijn en ze te gebruiken als een soort persoonlijk uniform.

Sommige mensen zullen je misschien veroordelen als je altijd hetzelfde type kleren draagt, maar ik denk dat dat uiteindelijk over zal gaan. Ik vind mode leuk, maar het najagen van trends kan buitensporige proporties aannemen in de wereld van vandaag.

3 We vinden onze originaliteit als we minder bezitten.

Wat denk je dat iemand uniek maakt? Is dat het hebben van felgroene lokken in je haar of het dragen van een enorme ring door je lip? Is een man die een rok draagt uniek? Of is het misschien iemand met een supercoole oversized hoes voor zijn smartphone?

Ik denk dat echt origineel zijn niets te maken heeft met al die dingen. Alle minimalisten die ik tot nu toe heb ontmoet, zijn allemaal uniek en behoorlijk cool, ook al was hun persoonlijke uniform orthodox.

Hoewel het soms lijkt alsof je je individualiteit verliest als je afscheid neemt van je bezittingen, in werkelijkheid is het andersom. Neem bijvoorbeeld de mensen die je op oude foto's ziet. Het was een tijd waarin alle mannen in het algemeen dezelfde soort pakken en hoeden droegen en ze rookten allemaal en ze hadden dezelfde soort bezittingen om hen heen. Toch waren de kunst en de literatuur die de mensen in die tijd creëerden ongelooflijk origineel, op z'n zachtst gezegd.

Onze unieke eigenschappen worden opgebouwd door ervaring, niet door materiële objecten. Dus misschien is het logisch dat we onze eigen originaliteit vinden wanneer we alle spullen die ons afleiden weghalen.

4 Gooi het weg als je dat vijf keer hebt overwogen.

Wij mensen hebben grofweg zestigduizend gedachten op één dag. Ik heb geprobeerd mijn gedachten bij te houden en heb gemerkt dat ze inderdaad alle kanten op vliegen.

Zo staat er bijvoorbeeld een kop koffie op tafel voor me nadat ik koffie heb gedronken. Ik kan de koffie nog in mijn mond proeven. Ik raak mijn lippen aan, ik wil mijn tanden poetsen. Dat is waar ook, ik moet een nieuwe tandenborstel kopen. En nu ik toch aan tandenborstels denk: wat er laatst gebeurde... enzovoort, enzovoort.

Op deze manier is ons bewustzijn een eindeloze aaneenschakeling van gedachten. Eén gedachte van de zestigduizend die er op een dag te binnen schieten zal, uiteraard, onopgemerkt blijven.

Zelfs als je nog geen concrete beslissing hebt genomen om iets weg te gooien, is er kans dat je er even kort over hebt nagedacht toen je naar het voorwerp keek. Als die terloopse blikken vijf keer zijn voorgevallen, betekent dat dat je er klaar voor bent om afscheid te nemen van dat voorwerp. Die vijf voorbijgaande gedachten zullen zich snel vermenigvuldigen tot honderd en dan duizend als je niet in actie komt.

5 Als je je minimalistische vaardigheden hebt ontwikkeld, kun je het 'tot later'-stadium overslaan.

Beschouw dit als een gevorderdenversie van tip 44, voor diegenen onder jullie die op weg zijn naar een minimalistische levensstijl. Als je over een voorwerp geen beslissing kunt nemen, stel ik voor dat je het gewoon wegdoet. Een van de allerlaatste spullen die ik wegdeed was mijn televisie en toen ik dat deed, was ik er nog steeds niet gerust over. Ik dacht dat het problemen zou veroorzaken in mijn vakgebied als ik niet meer op de hoogte was van de actualiteit. Het zou me misschien een buitenstaander onder mijn vrienden maken als ik hun discussies niet kon volgen. Misschien zouden kleine kinderen me uitlachen omdat ik geen idee had wat de allernieuwste humoristische televisieprogramma's waren. Ik herinnerde mezelf eraan dat als het moest, ik naar de winkel kon rennen om een nieuwe televisie te kopen. Maar weet je? Dat gebeurde helemaal niet.

Er is maar één voorwerp dat ik opnieuw heb gekocht nadat ik het had weggedaan. Dat is een voetmassageapparaat. Ik ben er zo aan verknocht dat ik zelfs het modelnummer heb onthouden. Ik heb er een gekocht om aan mijn moeder cadeau te doen, en ik gaf mijn broer het exemplaar dat ik had gebruikt. Maar later bleek dat ik bleef denken aan hoe goed het voelde om mijn voeten te laten masseren door dat apparaatje, dus ben ik er weer een gaan kopen. Vervolgens had ik het gevoel dat ik er klaar voor was om er afstand van te doen en verkocht ik het. Als ik het uiteindelijk nog een keer koop, zal ik het waarschijnlijk voor altijd houden.

6 Een beetje ongemak kan ons gelukkiger maken.

Onlangs heb ik alle handdoeken die ik in huis had weggedaan en ben ik overgestapt op één *tenugui*, een dun Japans handdoekje. Het is een wonderbaarlijk ding. Je kunt het op veel verschillende manieren gebruiken en je staat er versteld van hoe snel het droogt. Ik gebruik het, laat het uithangen en de volgende keer dat ik het nodig heb is het droog. Ik gebruik het om mijn handen te wassen, af te wassen en me af te drogen na het douchen. Mijn handdoeken maakten vroeger altijd twee derde van mijn was uit. Zonder al die zachte, donzige maar ook ruimte innemende handdoeken is het veel eenvoudiger geworden om de was te doen.

Zoals ik in hoofdstuk 2 heb uitgelegd, hebben mensen de neiging om afwisseling als stimulatie te zien, en dus worden de donzige handdoeken die we elke dag gebruiken spullen die we voor lief nemen. Tuurlijk, een badlaken voelt veel prettiger dan een handdoekje. Maar net zoals we gewend raken aan gemakken, raken we ook gewend aan ongemakken. Wanneer een tenugui een dagelijks gebruiksvoorwerp wordt, verschaft het zeldzame gebruik van een echte handdoek me veel genot. Ik heb mijn lat voor geluk eenvoudig verlaagd door over te schakelen op een tenugui. Wanneer zelfs een gewone handdoek je gelukkig kan maken, zul je bijna overal geluk kunnen vinden.

7 Gooi het weg, zelfs als je er blij van wordt.

Als je hebt besloten minimalist te worden, zal er een moment komen waarop je afscheid moet nemen van een of twee voorwerpen waar je blij van wordt. Persoonlijk ben ik verknocht aan Kroatië, en een kruis dat ik tijdens een bezoek aan dat land heb gekocht, was echt iets waarvan mijn hart ging dansen. Het was een roodgekleurd aardewerken kruis, versierd met een complex, handgemaakt patroon. De kleuren, de gladde textuur, het prettige gewicht, alles eraan vond ik prachtig. Ik had gehoord dat het was gemaakt door een plaatselijke kunstenaar, en meer dan wat ook maakte het idee dat ik het was tegengekomen op straat in een vreemd land en niet in een souvenirwinkel het dierbaarder voor me.

Het kruis was iets waar ik blij van werd, zelfs toen ik er afscheid van nam. Toch ben ik blij dat ik de moed heb gevat om het vaarwel te zeggen. Sinds die tijd breng ik geen tijd meer door met zoeken naar souvenirs als ik op reis ben. Ik volg het voorbeeld van Snufkin – een van de figuren uit *Moomin* van Tove Jansson – en kijk alleen maar naar souvenirs, hoe verleidelijk ze ook zijn. Daardoor kan ik me meer op de reis zelf concentreren. En is het leven soms geen reis? Wees moedig en doe spullen weg waar je blij van wordt. Wat je overhoudt kan enorm veel meer zijn.

8 Minimalisme is vrijheid. Hoe eerder je dat ervaart, hoe beter.

De meeste van onze bezittingen zijn spullen die alleen voor ons waarde hebben: souvenirs van gedenkwaardige reizen, geliefde boeken die we steeds maar weer opnieuw lezen, brieven die we hebben gekregen van mensen die belangrijk voor ons zijn, foto's van onvergetelijke momenten.

De herinneringen aan de moeite die we hebben genomen om een bepaald voorwerp te bemachtigen, de prijs die we hebben betaald om het tot ons bezit te maken, de verhalen eromheen zullen de waarde ervan laten stijgen. Maar hoe duur of hoe geweldig een voorwerp ook moge zijn, het zal niet diezelfde waarde voor iemand anders hebben. Het zal gewoon een voorwerp zijn.

Dit ging door mijn hoofd toen ik nadacht over wat er zou gebeuren als ik zou doodgaan of als er plotseling iets ernstigs met me zou gebeuren. Al mijn bezittingen zouden een last worden voor mijn dierbaren. Maar omdat ik het grootste deel van mijn bezittingen had geminimaliseerd, besefte ik dat ik ook de moeite had geminimaliseerd die ik voor anderen zou veroorzaken in zulke omstandigheden. Het is treurig om erover na te denken, maar om de een of andere reden kreeg ik een gevoel van vrijheid. Zonder die sombere zorg die boven mijn hoofd hing, voelde ik me sterker en vrij om het volgende stadium van mijn leven aan te pakken.

9 Als je spullen weggooit, houd je minder over, maar je wordt er niet minder door.

Als je besluit je bezittingen te minimaliseren, zul je niet plotseling een mysterieuze uitslag ontwikkelen, zal je haar niet van de ene op de andere dag voor de helft grijs worden en je ontwikkelt ook geen artritis. Het zal voorbijgangers niet opvallen, je zult er niet om bekritiseerd worden en kleine kinderen zullen geen stenen naar je gooien. Misschien zullen ze gewoon naar je kijken en denken dat je eenvoudig gekleed gaat. Dat is ongeveer het enige wat er gebeurt.

Wanneer je wordt omgeven door een hoop spullen, lijkt het misschien alsof je met het wegdoen van je dierbare voorwerpen stukken van jezelf weggooit. Maar bedenk dat die spullen jou niet zijn; je hechte verbintenis ermee zit volledig in je hoofd. Je wordt er niet minder om als je die spullen wegdoet. Je kunt aangenaam worden verrast door de ontdekking dat als al die externe bezittingen weg zijn de ware jij tot leven komt.

10 Zet vraagtekens bij de conventionele manieren waarop van je wordt verwacht dat je spullen gebruikt.

Hiji is een van de minimalisten die in het begin van dit boek voorkwamen. De bank die hij had bedacht is een opgevouwen matras die tegen een muur wordt gezet, waarbij zijn kussen en dekbed als rugsteun worden gebruikt. Het is een voorbeeld van omgekeerd denken: niet een 'bankbed', maar een 'bedbank' (of 'matrasbank' om preciezer te zijn). Zolang je een Sony-viewer hebt die je op je hoofd kunt zetten, kun je zonder televisietoestel naar televisieprogramma's kijken. Ook kun je de zeep waar je je mee wast gebruiken als wasmiddel of afwasmiddel.

Ik ben onlangs begonnen mijn spons te drogen te hangen, onder invloed van Marie Kondo, die zegt dat ze allerlei soorten dingen te drogen hangt, waaronder haar snijplank en schuursponsje. Dat heeft ertoe geleid dat ik het sponsbakje met de zuignappen heb kunnen weggooien waar ik zo'n hekel aan had. Kondo keek verder dan het algemeen geaccepteerde principe dat snijplanken en sponzen niet aan een waslijn horen. Onze bezittingen zullen blijven toenemen als we ons laten inperken door de standaardtoepassingen en -gemakken van elk voorwerp, maar we kunnen verbazingwekkend goed ontspullen als we die conventie negeren.

11 Denk niet na. Gooi weg!

Een van de beroemde uitspraken van Bruce Lee uit *Enter the Dragon* is: 'Denk niet na. Voel.' Als je dit op minimalisten toe zou passen, zou de uitspraak waarschijnlijk zijn: 'Denk niet na. Gooi weg!'

Op een dag was ik het plotseling helemaal zat om zoveel belangrijk uitziende overschrijvingsboekjes[2] in huis te hebben en ik gooide ze allemaal in de versnipperaar.

Ik dacht dat ik het op de een of andere manier wel zou redden, dus deed ik het gewoon, en daarna vroeg ik op internet: 'Is het oké om een overschrijvingsboekje weg te gooien?' In plaats van erover na te denken volgde ik mijn intuïtie.

Later ondernam ik de nodige stappen om de rekening te sluiten en dat leverde helemaal geen problemen op. De kasbediende was alleen een beetje verbluft toen ik hem vertelde wat ik had gedaan.

'Je hebt... je overschrijvingsboekje... weggegooid?'

Maar er zijn mensen die alles kwijtraken bij een brand, dus zo erg kan het niet zijn om een paar spullen weg te gooien. Hoe meer we erover nadenken, hoe meer onze hersenen met excuses zullen blijven komen waarom we geen afscheid kunnen nemen van onze bezittingen. Als dat gebeurt, vertrouw dan op je intuïtie.

---

2 Boekjes met formulieren in kaartvorm waarmee je je bank opdracht kan geven geld over te maken van je bankrekening.

12 Minimalisme is geen wedstrijd. Ga niet opscheppen over hoe weinig je hebt. Vel geen oordeel over iemand die meer heeft dan jij.

Minimalisten kunnen gemakkelijk in de valkuil trappen van opscheppen over hoe weinig ze hebben of met anderen wedijveren om wie het minst heeft. Zoals ik in hoofdstuk 1 heb gezegd, denk ik dat minimalisten mensen zijn die weten wat echt noodzakelijk voor hen is, mensen die spullen wegdoen zodat ze zich kunnen richten op wat echt belangrijk is. Welke spullen belangrijk zijn zal van persoon tot persoon verschillen, dus heeft het niet zoveel zin om jezelf met anderen te vergelijken.

Naar mijn mening kan iemand best omgeven worden door veel bezittingen die noodzakelijk voor hem of haar zijn. Als het bezit van veel spullen iemand betekenis en een doel geeft, dan hoeft die persoon eigenlijk niets weg te gooien. Er is geen reden om zo iemand te veroordelen.

Er is ook geen reden om te ver te gaan en afscheid te nemen van spullen die noodzakelijk zijn voor jou. Minimalisme is geen boeteritueel en ook geen wedstrijdsport. Het is gewoon een middel tot een doel.

13 Het verlangen om weg te gooien en het verlangen om te bezitten zijn twee kanten van dezelfde medaille.

Het kan best stimulerend zijn als je begint je bezittingen weg te doen. Het is verfrissend en de beloningen voor het vinden van de moed om spullen los te laten zijn onmiddellijk zichtbaar. Als je eenmaal in de ban van dit minimaliseerproces bent, wordt afscheid nemen van je spullen een belangrijke leefregel, zo erg zelfs dat het lijkt alsof je de 'doe alles weg'-ziekte hebt gekregen. Je voelt je trots op je prestatie en vervolgens begin je kritisch naar mensen te kijken die veel spullen hebben.

Maar het oordeel: 'Jemig, wat heb jij nog veel spullen. Wat stom!' komt voort uit precies dezelfde mentaliteit als: 'Jemig, jij hebt dit nog steeds niet. Wat stom!'

Zowel weggooien als verzamelen is stimulerend, dus we moeten van geen van beide type handelingen al te afhankelijk worden. We weten dat wanneer je besluit iets weg te gooien je je af moet vragen: 'Heb ik dit echt nodig?' Zo is het ook noodzakelijk om je af te vragen: 'Moet ik dit echt weggooien? Of probeer ik het alleen maar weg te gooien om minder spullen te hebben?'

14 Zoek je eigen minimalisme.

Misschien denk je dat je pas in aanmerking komt om minimalist genoemd te worden als al je bezittingen in één koffer passen of als je in een slaapzak slaapt. Maar wees gerust: dat zijn geen vereisten. Er is niet één juiste definitie van een minimalist. Misschien staat er, nadat je van veel van je bezittingen afscheid hebt genomen, alleen nog maar één grote piano in je woonkamer. Als gevolg van het terugdringen van veel van je bezittingen ben je je bewust geworden van wat echt noodzakelijk en belangrijk voor je is: muziek.

Meneer Numahata, de persoon met wie ik een website run, heeft een auto gekocht en hij zegt dat dat een uitvloeisel van minimalisme is. Hij heeft zijn onnodige interpersoonlijke relaties verminderd, en zijn auto helpt hem tijd vrij te maken om alleen te zijn. Ook kan hij het interieur volkomen vrij van bezittingen houden en het beschouwen als een minimalistische ruimte die mobiel is. Voel je vrij om te experimenteren en zoek je eigen minimalisme.

15 Minimalisme is een methode en een begin.

Ik heb een aantal van de valkuilen genoemd waar minimalisten in kunnen trappen, maar toch wil ik hier zeggen dat minimalisme iets is wat ik bijna iedereen zou aanraden. De samenleving van tegenwoordig legt te veel nadruk op materiële zaken en er zijn te veel mensen die veel meer bezitten dan ze nodig hebben.

Het doel van minimalisten is niet om zo min mogelijk spullen te hebben, maar om afleidingen weg te nemen zodat ze zich kunnen richten op de dingen die echt belangrijk zijn. Minimalisme is maar het begin. Het is een middel. Zodra je hebt geminimaliseerd, is het tijd om uit te zoeken wat die belangrijke dingen zijn.

Minimalisme is als de proloog van een boek; de verhalen die volgen kunnen alleen maar worden gecreëerd door het individu. Zoals ik al heb gezegd is minimalisme zo effectief en zijn de methoden zo de moeite waard dat mensen in de war kunnen raken en denken dat het wegdoen van spullen hun echte doel is. Maar denk eraan: het belangrijkste is wat je daarna gaat doen. Zodra je al die extra spullen hebt weggedaan, is het tijd om je eigen unieke verhaal te scheppen.

4

12 manieren waarop ik ben veranderd sinds ik mijn spullen vaarwel zei

Ik heb meer tijd.

De tijd die je hebt is beperkt. Verspil hem dus niet door het leven van iemand anders te leiden.

STEVE JOBS

Hoe bezittingen je tijd afpakken

Op 20 december 2014 werden er in een beperkte oplage speciale Suica-kaarten (een prepaid chipkaart om in het merendeel van het openbaar vervoer in Japan te reizen) uitgegeven om te vieren dat het treinstation van Tokio honderd jaar bestond. Er werden vijftienduizend kaarten beschikbaar gesteld voor de verkoop en het resultaat was een gekkenhuis. Meer dan negenduizend mensen stonden in de rij voor de Suica-kaarten en de verkoop moest diezelfde dag opgeschort worden.

Op het nieuws waren beelden te zien van boze mensen nadat de verkoop was opgeschort, onder wie kinderen die in de rij hadden gestaan om de Suica-kaarten te kopen voor als ze het voorjaar daarop naar de middelbare school zouden gaan. Ik had oprecht medelijden met al die mensen die uren in de kou in de rij hadden gestaan.

Maar het was nou niet zo dat die speciale, in beperkte oplage uitgebrachte Suica-kaarten een korting van 5 procent gaven op de vervoersprijs of van een speciaal materiaal waren gemaakt dat niet snel kon breken. Als dat zo was, had ik er zeker een gewild. Het Mucha-achtige jugendstilontwerp is absoluut prachtig, maar ik vraag me af of iedereen deze kaart niet gewoon wílde hebben en niet zozeer nódig had.

Als je tot de conclusie was gekomen dat de functies van de speciale kaarten precies dezelfde waren als van de normale kaarten en je ze dus kon negeren, had je een hoop tijd bespaard:

1. de tijd die je nodig hebt om heen en terug naar het station van Tokio te reizen
2. de tijd die je doorbrengt met in de rij staan
3. de tijd die je kwijt bent aan boos zijn nadat je te horen hebt gekregen dat de verkoop is gestaakt
4. de tijd die je kwijt bent aan het beheersen van je woede

5. de tijd die je kwijt bent aan nadenken over wat je nu moet doen en misschien zelfs met plannen maken voor de volgende poging om de kaart in handen te krijgen

Luister, het leven is maar kort. Het is zonde om het te verspillen aan een of ander materieel object.

Minder tijd kwijt zijn aan media of advertenties

Of we nou thuis tv zitten te kijken of naar buiten stappen, we worden bestookt met dwingende boodschappen via de media, de reclame en allerlei andere zaken die we tegenkomen.

Laten we zo veel mogelijk geld verdienen en een flinke spaarpot opbouwen. Laten we dat vet kwijtraken en slank worden. Laten we naar een goede school gaan. Laten we in een mooi huis gaan wonen. Laten we gezond worden. Laten we meedoen aan de wedstrijd en winnen. Laten we modieuzer worden. Laten we meer kennis vergaren. Laten we ons voorbereiden op een ramp.

De filmregisseur Tom Shadyac zei eenvoudig: 'Met andere woorden, we zijn niet goed genoeg.'

Wanneer we minimalisme beoefenen, worden we minder afgeleid door de media of reclames doordat we weten dat we alles al hebben wat we nodig hebben. En wanneer we dat weten, kunnen we de meeste van die boodschappen die ons toeschreeuwen gemakkelijk negeren.

Als we daarentegen de hele tijd het gevoel hebben dat er iets ontbreekt in ons leven, lijken die boodschappen rechtstreeks op ons gericht. Als we over elk van die boodschappen gaan nadenken, zullen we nooit genoeg tijd hebben om iets te doen. Minimalisme is opgebouwd rond het idee dat het je aan niets ontbreekt. Je zult minder tijd kwijt zijn doordat je niet opgejaagd wordt door het idee dat je iets mist.

Minder tijd kwijt zijn aan winkelen

Een minimalist koopt sowieso al minder, dus zul je minder tijd kwijt zijn aan winkelen. Hoewel er natuurlijk altijd dingen zijn die je moet kopen, heb je minder tijd nodig om ze te kopen. Toen ik nog maximalist was, was ik een grote fan van elektrische apparaten. Stel dat ik een nieuwe magnetron wilde kopen. Dan zou ik alle productspecificaties van verschillende fabrikanten haarfijn hebben uitgeplozen. Ik zou alle klantenbeoordelingen op internet hebben gelezen. Ik zou een uitgebreide evaluatie hebben gemaakt en een model hebben gekocht waarmee ik op hoge temperaturen kon stomen. Ik zou dolblij zijn geweest met de een of andere functie die niet op andere modellen van dezelfde prijsklasse zat, en die functie vervolgens nooit gebruiken.

Soms ging ik naar een chic winkelgebied in Tokio en bracht dan een hele dag door met zoeken naar het perfecte overhemd. Soms ging ik van winkel A naar B en verder naar C, verschillende overhemden passend maar niet in staat te beslissen, dan ging ik weer terug naar winkel A en kwam dan evengoed met lege handen thuis. Wat had mijn dag, die ik met winkelen had doorgebracht, voor zin gehad? Wilde ik mezelf gewoon uitputten?

Er bestaat een beroemd onderzoek dat het jamonderzoek heet. In het kort komt het erop neer dat er meer mensen jam kochten wanneer er zes soorten werden aangeboden dan wanneer er vierentwintig soorten beschikbaar waren. Wanneer mensen te veel keuzes voorgelegd krijgen, gaan ze zich zorgen maken dat er nog iets beters is dan de keuze die ze hebben gemaakt. Als ze een van de vierentwintig soorten kopen, zal hun mate van tevredenheid minder worden als gevolg van dit gevoel van spijt. Het wordt ingewikkeld als er te veel keuzes zijn.

Op mijn voortgaande reis als minimalist heb ik gemerkt dat mijn criteria voor het maken van een keuze duidelijker zijn geworden. Als gevolg daarvan ben ik minder tijd kwijt met me afvragen of ik iets wel of niet zal kopen. De eigenschappen die ik zoek in de dingen die ik koop zijn: (1) het voorwerp heeft een minimalistische vorm en is gemakkelijk schoon te maken; (2) de kleur is niet te schreeuwerig; (3) ik zal het langere tijd kunnen gebruiken; (4) het zit eenvoudig in elkaar; (5) het is licht en compact; en (6) het is multifunctioneel.

Mijn keuze voor een fiets werd op die manier eenvoudig. Ik zocht naar een fiets met een vast verzet en een effen zilverkleurige, ruwe lak, het soort kleur dat er meteen al een beetje roestig uitziet. Ik wilde een klassiek horizontaal frame dat niet uit de mode zou raken. Ik hoefde geen dure merknaam op het frame. De enige fiets die aan mijn criteria voldeed, was er een die verkocht werd door Focale 44, dus kostte het nauwelijks tijd om te beslissen. Toen ik dat had gedaan, vergeleek ik hem ook niet meer met andere fietsen.

Je verspilt geen tijd meer met nadenken over keuzes als je steeds hetzelfde product blijft kopen dat je bevalt of als je het steeds wanneer dat nodig is repareert. Aangezien je er tevreden over bent, hoef je ook niet naar andere modellen te kijken. Dit geldt niet alleen voor producten. Minimalisme beperkt van nature het aantal keuzes, zodat je snel tot een besluit kunt komen.

Minder tijd kwijt zijn aan huishoudelijke taken

Ik heb een drastische vermindering ervaren in de tijd die ik bezig ben met het huishouden.

Ik zal er later in detail op ingaan, maar het is verbluffend hoezeer de tijd dat je bezig bent met schoonmaken wordt gereduceerd als je alles minimaal houdt. Je zult minder spullen hebben om te laten rondslingeren. Als je minder kleren hebt, heb je minder wasgoed en je verspilt minder tijd met beslissen wat je aan zult trekken.

Vroeger in mijn vorige, rommelige appartement had ik een hekel aan zonnestralen. Ik had een hekel aan het stof dat oplichtte door het zonlicht. Ik was een avondmens en de schuifpanelen voor mijn ramen waren altijd dicht om de zon buiten te sluiten.

Maar nu word ik gewekt als de zon mijn huis in schijnt. Ik word wakker, zie dat mijn huis al schoon is, en het is een genot geworden om 's ochtends op te staan. Ik word zonder moeite vroeg wakker. De ochtenduren, die vroeger niet eens bestonden voor mij, zijn nu heel betekenisvolle uren geworden.

Ik kan binnen een halfuur verhuizen

Dit voorjaar ben ik naar een nieuw appartement verhuisd. Ik had van tevoren niets ingepakt en toch kostte het maar een halfuur om alles uit mijn huis weg te halen, inclusief de tijd die nodig was om de fittingen uit de lampen te halen en de wasmachine te ontkoppelen. Dat is misschien net zo lang als het andere mensen zou kunnen kosten om te beslissen wat ze zullen aantrekken voordat ze van huis gaan. Maar ik, met mijn minimalistische stijl, heb niet veel tijd nodig om mijn bezittingen in te pakken. Ik kan net zo gemakkelijk ergens naartoe verhuizen als naar buiten stappen om ergens koffie te gaan drinken.

Minder tijd kwijt zijn aan rondlummelen

Als je woont in een huis dat schoon en eenvoudig is, verspil je minder tijd met rondlummelen. In mijn vorige appartement bleef ik de hele dag in bed liggen als ik vrij had van mijn werk. Ik dacht dan misschien wel: *Ik moet vandaag de was doen. En het wordt ook tijd dat ik eens stofzuig. Maar wacht eens, hoe lang is het geleden dat ik die lakens heb gewassen? Oké, ik zal aan de slag gaan… Maar waar moet ik beginnen? Ik zal de was doen, schoonmaken en afwassen terwijl de wasmachine draait. Ja, dat ga ik doen. Maar wacht eens, misschien moet ik gaan schoonmaken terwijl ik deze kleren aanheb en ze in de wasmachine gooien als ik klaar ben. O, wat is het toch een gedoe… Ik denk dat ik eerst maar gewoon de tv aanzet en op mijn smartphone kijk…* Dit is een eindeloze lus. Maar als je weinig bezittingen hebt, zijn er minder dingen die elke dag gedaan moeten worden. Je kunt elke taak aanpakken zodra hij zich voordoet, zodat je niet met een lange lijst dingen die gedaan moeten worden komt te zitten, en daardoor ben je opgewekt en gemotiveerd.

Minder tijd kwijt zijn met zoeken naar voorwerpen

Ik ben me bewust van elk van mijn bezittingen, en aangezien ze altijd op dezelfde plek zijn opgeborgen, ben ik nul minuten kwijt met zoeken naar spullen die niet op hun plek liggen. Als je je bewust bent van alle spullen die je bezit, weet je niet alleen zeker waar ze zijn, je weet ook zeker of je ze hebt of niet. Je hoeft geen tijd te verspillen met je afvragen waar je de verpakkingstape hebt gelaten. Ik heb geen rol verpakkingstape in huis, dus het antwoord is duidelijk. Gebruiksaanwijzingen, garantiekaarten, documenten… Ik scan ze allemaal meteen in of gooi ze weg. Als ik ooit een van die documenten nodig heb, weet ik dat ik niet op zoek hoef te gaan naar de papieren versie.

Met minder bezittingen zul je minder dingen hebben die je kunt verliezen. Omdat een minimalist gewoonlijk met minder bezittingen van huis gaat, wordt de kans dat je iets vergeet kleiner, wat betekent dat je minder tijd kwijt bent met terug naar huis rennen om iets te pakken wat je was vergeten.

Goed bestede tijd maakt gelukkig, niet goede spullen

Ik zie mensen vaak als een bezetene rennen om nog in de trein te springen, daarbij bijna tegen mensen op botsend. Elke keer dat ik mensen dat zie doen, valt me onwillekeurig op dat ze er niet gelukkig uitzien. Niemand straalt van geluk wanneer hij of zij haast heeft. Aan de andere kant zien de mensen die ik op straat zie tijdens de Gouden Week-vakantie in Japan (de eerste week van mei) er aanzienlijk gelukkiger uit.

Psycholoog Tim Kasser benadrukt dat de verrijking van iemands tijd direct gelukkig maakt, terwijl de verrijking door materiële zaken dat niet doet. We kennen allemaal mensen die goed zijn in hun werk en die veel geld verdienen, maar die altijd gestrest zijn en die de ene crisis na de andere hebben. Zelfs mensen die van zichzelf vriendelijk zijn, worden negatief als ze het te druk hebben en niet de luxe van voldoende vrije tijd kennen.

Het belang van dagdromen

Recent onderzoek in de neurologie heeft aangetoond dat er bepaalde gebieden in onze hersenen zijn die alleen actief zijn wanneer we dagdromen of wanneer we onze gedachten de vrije loop laten.

Er wordt gezegd dat deze momenten worden gebruikt voor zelfreflectie, oriëntatie en het geheugen, of in eenvoudiger woorden: om na te denken over onszelf. Een ontspannen moment is niet zonder betekenis; het is een belangrijk ogenblik voor bespiegeling. Misschien zitten we op een strand en luisteren we naar het geluid van de golven of staren we in een kampvuurtje.

De wetenschap heeft aangetoond dat dit soort ontspannen momenten noodzakelijk is voor ons. Of we nu rijk of arm zijn, we krijgen allemaal maar vierentwintig uur per dag. De tijd vinden om te ontspannen is de ultieme luxe.

Je kunt je nu, op ditzelfde ogenblik nog, gelukkig voelen

Om gelukkig te zijn is het onontbeerlijk om ontspannenheid te ervaren. Maar dat betekent niet dat je op vakantie hoeft te gaan naar een tropisch eiland en op een strandstoel onder een parasol hoeft te gaan liggen. Eigenlijk is er niet zoveel verschil in emotie tussen het alledaagse geluksgevoel dat op ditzelfde moment voor jou binnen handbereik ligt en het geluk dat je zult vinden op dat strand. Neem even een pauze in een koffiebar in de buurt. Stop met typen op je computer en geef jezelf een moment om diep adem te halen. Het geluk ligt in feite voor het oprapen. We moeten alleen de tijd nemen om het te vinden.

Door het aantal materiële bezittingen dat je hebt te verminderen, kun je de tijd terugpakken die je bezittingen van je hebben gestolen. Die tijd is kostbaar. Het is zonde om wat we allemaal in gelijke mate hebben gekregen – vierentwintig uur per dag – te verdoen aan materiële bezittingen. Besteed die tijd liever aan het najagen van alledaags geluk.

Ik geniet meer van het leven.

Mijn leven zelf was mijn bron van genoegen geworden, en het was altijd weer verrassend. Het was een toneelstuk met vele scènes en zonder einde.

HENRY DAVID THOREAU

Iedereen houdt van het resultaat van een goede schoonmaakbeurt

Ook al worden de meesten van ons niet warm bij het idee van het huis schoonmaken, er is waarschijnlijk niemand die niet houdt van het resultáát van een goede schoonmaakbeurt. Zouden er mensen zijn die gaan vloeken wanneer ze een grondig schoongemaakte kamer zien? Ik denk het niet. Een smetteloze kamer is een plezierige aanblik voor iedereen.

Vroeger, toen ik omringd werd door spullen, had ik een hekel aan schoonmaken. Hoe vaak ik ook schoonmaakte, het stof bleef zich ophopen. Ook had ik een hekel aan afwassen. Dan keek ik naar al dat servies dat op het aanrecht opgestapeld stond en beloofde ik mezelf dat ik het morgen zou doen. En dan ging ik rechtstreeks naar bed.

Ik haatte die nooit eindigende cyclus van het huishouden doen. Het zal je niet verbazen dat mijn huis dan ook altijd een rotzooi was. Op een gegeven moment was het zelfs zo erg dat de vloer vol lag met boeken, en ik weet nog dat ik dacht dat ik nu tenminste niet meer hoefde te stofzuigen.

In de buurt van mijn vroegere appartement stond een ginkgo waarvan de takken boven het trottoir hingen. Elke ochtend zag ik mijn buurvrouw van middelbare leeftijd druk bezig de gevallen bladeren weg te vegen en vroeg ik me af hoe ze het volhield om dat dag na dag opnieuw te doen. De bladeren vielen toch de hele tijd, dus waarom veegde ze niet eens in de week of zelfs om de dag?

Dat was de oude ik. Nu kan ik begrijpen hoe de vrouw zich moest hebben gevoeld. Het waren niet de gevallen bladeren die ze had opgeruimd; het was haar eigen luiheid die ze had weggeveegd.

Een luie persoonlijkheid bestaat niet

Vroeger beschouwde ik mezelf als een luie persoon zonder wilskracht. Ik was ervan overtuigd dat het een karaktereigenschap was die niet veranderd kon worden. En trouwens, zei ik altijd tegen mezelf, hoe ongebruikelijk was het nou eigenlijk dat een man een sloddervos was?

Maar dat is allemaal veranderd. Elke ochtend stofzuig ik mijn appartement voordat ik naar mijn werk ga. Ik maak de badkamer schoon elke keer nadat ik gedoucht heb, met als gevolg dat hij altijd brandschoon en glanzend is. Ik doe de afwas zodra ik klaar ben met eten. Ik doe de was voordat mijn vuile kleren een enorme berg vormen en hang de natte was te drogen op mijn balkon, dat ik ook even afneem, evenals het balkon van mijn buren.

Toch heb ik geen verandering in persoonlijkheid doorgemaakt. Waarom ben ik dan nu geen 'luie sloddervos' meer? De eenvoudige reden waarom ik nu zo netjes ben, is dat ik nu minder bezittingen heb en het gewoon makkelijker is om het huis schoon te houden. Ik heb nu geen luie persoonlijkheid en die had ik toen ook niet.

Aristoteles' methode voor het huishouden

Aristoteles geloofde (zoals verwoord door de filosoof Will Durant): 'We zijn wat we regelmatig doen. Uitblinken is daarom geen handeling maar een gewoonte.' Je hebt geen sterke wil nodig om regelmatig op te ruimen en je huis schoon te houden. Als je alleen vastberaden zou zijn, zou dat sowieso op een gegeven moment weer wegebben. Het enige wat je hoeft te doen, is van het huishouden een dagelijkse gewoonte maken. Als het eenmaal een gewoonte is geworden, zul je kunnen schoonmaken zonder erbij stil te staan.

De beloning die je krijgt als je van opruimen een gewoonte maakt

Er wordt wel gezegd dat het krijgen van een beloning essentieel is om een nieuwe gewoonte te ontwikkelen. Bij dagelijks schoonmaken kan de beloning het gevoel zijn dat je iets hebt volbracht en de rust die we erna voelen. Ook is er de beloning van het zelfvertrouwen dat we krijgen wanneer we al die smoezen om niet op te hoeven ruimen hebben overwonnen. Voor ons als minimalisten is schoonmaken een gemakkelijk en snel klusje, maar toch worden we beloond. We gaan schoonmaken als gevolg daarvan zelfs leuk vinden en het wordt vanzelf een gewoonte. Hetzelfde geldt voor alle andere klusjes die in huis gedaan moeten worden. Om ervoor te zorgen dat schoonmaken een gewoonte wordt, is het belangrijk om het gemakkelijk te maken om die beloningen te krijgen. Als je minder bezittingen hebt, wordt het een karweitje van niks.

Schoonmaken wordt drie keer zo gemakkelijk wanneer je minder hebt

Toen ik nog in mijn vorige appartement woonde, stofzuigde ik misschien eens in de maand. Zelfs toen ik al aardig wat had geminimaliseerd, maakte ik mijn appartement nog altijd alleen in de weekends schoon. Maar nu stofzuig ik mijn nieuwe appartement elke ochtend. Het is een gewoonte geworden, eenvoudigweg omdat het zo gemakkelijk is.

Schoonmaken kan echt heel gemakkelijk zijn als je minder spullen hebt. Laten we eens kijken hoe we de vloer zouden schoonmaken als we een beeld van een uil in de kamer hadden staan.

Stap 1: Verplaats de uil.

Stap 2: Boen de vloer waar de uil staat.
Stap 3: Zet de uil weer terug op zijn oorspronkelijke plek.

En als we dat standbeeld niet in ons huis hadden gehad?
Stap 1: Boen de vloer.

Ziezo! Klaar! Zo eenvoudig is het. Het kost een derde van de moeite en waarschijnlijk een derde van de tijd om de vloer schoon te maken. En het schoonmaken van al die ingewikkelde spleten en holtes van het standbeeld zelf kun je al helemaal vergeten.

Beeld je nu eens in hoeveel werk we zouden hebben als we drie of vier, of misschien wel tien of twintig van die beelden thuis hadden staan.

Zonder rommel hebben je bezittingen als vanzelf hun eigen plek

Nu ik heb ontdekt hoe prettig wonen het is in een huis dat niet bezaaid is met voorwerpen, ben ik eraan gewend geraakt om dingen snel op te bergen. Ik ruim mijn föhn op zodra ik ermee klaar ben. Er is ooit een tijd geweest dat ik Marie Kondo niet geloofde als ze zei dat ze de afstandsbediening van de tv alleen maar tevoorschijn haalt als ze hem wil gebruiken, maar ik merk nu dat ik hetzelfde doe. Het is geen enkele moeite. Als het eenmaal een gewoonte is, wordt het een natuurlijk proces om iets tevoorschijn te halen, te gebruiken en weer op te bergen.

Weet je nog toen je voor het eerst leerde fietsen? Ik weet zeker dat je heel voorzichtig probeerde je evenwicht te bewaren terwijl je trapte. Maar de vaardigheid is snel geleerd en voor je het weet, fiets je weg zonder erbij na te denken.

Als ik het huishouden doe is het hetzelfde. Ik denk er niet echt bij na; het is alsof mijn bezittingen uit zichzelf terugkeren naar hun eigen plek.

Het genot van in een klein appartement wonen

Dit voorjaar ben ik verhuisd van een huis van 25 m^2 naar een kleiner huis van 20 m^2. Dit betekent dat ik nu 5 m^2 minder ruimte heb om schoon te maken. Het huis schoonmaken gaat nu gemakkelijker dan ooit en bovendien sneller.

Ik wil in een zo klein mogelijk huis wonen. Zelfs mijn huidige appartement was in het begin iets te ruim voor me. Het schoonmaakwerk is eenvoudig, leuk en het voelt goed. Ik betwijfel of ik ooit een robotstofzuiger zal kopen of dat ik iemand anders voor me zal laten schoonmaken terwijl het zo'n aangename taak kan zijn. In mijn appartementje, met die weinige dierbare bezittingen, wordt schoonmaken ook echt een intieme handeling.

Stof en vuil zijn afspiegelingen van ons vroegere zelf

Er wordt vaak gezegd dat je huis schoonmaken is als jezelf oppoetsen. Ik geloof dat dat een gouden regel is. Het is niet alleen stof en vuil dat zich ophoopt in onze huizen. Het zijn ook de schaduwen van ons vroegere zelf die ervoor zorgen dat stof en vuil zich ophopen. Schoonmaken is absoluut onplezierig, maar het is vooral de noodzaak dat we onze eigen daden uit het verleden onder ogen moeten komen die het zo moeilijk maakt. Als we minder materiële bezittingen hebben en schoonmaken een gemakkelijke gewoonte wordt, hoeven we alleen maar de schaduwen van wat we die dag voor elkaar hebben gebracht onder ogen te komen.

Vroeg opstaan 's ochtends, een verfrissende douche nemen, op je gemak ontbijten, schoonmaken en de was doen voordat je naar je werk gaat, zullen absoluut van invloed zijn op hoe het je op je werk vergaat. Door een georganiseerd leven te leiden, zul je kwieker zijn, meer zelfvertrouwen hebben en jezelf meer waarderen dan toen je tot op het allerlaatste moment in bed bleef liggen en alles gehaast deed om maar op tijd op je werk te zijn. Als je jezelf waardeert, wordt het ook gemakkelijker om andere uitdagingen aan te gaan. Mensen kunnen veranderen, en beginnen met de levensstijl is een uitstekend idee.

De druk om aan een 'succesvolle' toekomst te bouwen

'Je bent belangrijk en je bent onvervangbaar.'

'Wees jezelf en wees uniek.'

'Ga ervoor. Streef ernaar om iets te bereiken.'

We weten dat iedereen het goed bedoelt, maar jonge mensen worden dagelijks gebombardeerd met dit soort boodschappen. Ze worden voortdurend onder druk gezet om iemand te worden. Ikzelf heb ook onder diezelfde druk gestaan en ik raakte gefrustreerd door mijn onvermogen om aan die verwachtingen te voldoen.

Nu ik het grootste deel van mijn bezittingen vaarwel heb gezegd, kan ik één ding eerlijk zeggen en dat is dat er eigenlijk niet echt een noodzaak is om iets te bereiken of aan een ambitieuze toekomst te bouwen. We kunnen beginnen met tevreden zijn over onszelf en we kunnen meer dan genoeg geluk voelen door gewoon ons dagelijkse leven te leiden, genietend van het hier en nu.

Wanneer ik klaar ben met mijn eenvoudige schoonmaakwerkjes in mijn nieuwe appartement en door de buurt wandel, ben ik ervan doordrongen dat er verder niets is wat ik nodig heb of wil hebben. Ik ga naar het park en zie de eenden in de vijver hun veren oppoetsen. Ik zie hoe ontspannen ze eruitzien, terwijl ze alleen maar hun veren aan het oppoetsen zijn. Ze staan niet onder spanning om te proberen iets anders te worden. Ze zijn niet naarstig aan het proberen een carrière op te bouwen en ze proberen geen wit voetje te halen bij de andere eenden. Het enige wat ze lijken te doen is genieten van het water, hun veren oppoetsen en hun leven leiden. Is dat niet, als puntje bij paaltje komt, het enige wat wij nodig hebben in ons leven?

Nu ik het grootste deel van mijn bezittingen heb weggedaan, voel ik me werkelijk tevreden over mijn dagelijkse leven. Gewoon het feit dat ik mijn leven leid verschaft me vreugde.

Ik heb meer vrijheid.

Pas nadat we alles hebben verloren
zijn we vrij om te doen wat we willen.

TYLER DURDEN, *FIGHT CLUB*

De vrijheid om te verhuizen

Is het niet zo dat vogels vrij zijn om het luchtruim te kiezen omdat hun nesten eenvoudig zijn en ze niet gebukt gaan onder de behoefte om spullen om zich heen te verzamelen?

Vroeger was ik precies het tegenovergestelde van die vogels. Ik had een enorme stellingkast die veel ruimte innam in de keuken en ooit heb ik zelfs een donkere kamer in een hoek van mijn huis ingericht. In de hal stond een gigantische boekenkast met honderden boeken. In die tijd dacht ik dat ik – als ik ging verhuizen – een heleboel ruimte en kasten nodig zou hebben voor al die spullen en waarschijnlijk zelfs een hele extra kamer, waar je ten volle kon genieten van mijn enorme tv en bijbehorende geluidsinstallatie. Ik zocht op internet naar beschikbare appartementen, maar kon nooit zo'n huis vinden binnen mijn budget. Bovendien zou het een heel gedoe worden om al die spullen in te pakken en ze dan weer uit te pakken in mijn nieuwe huis.

Nadat ik minimalist was geworden, ging ik voor het eerst in tien jaar verhuizen. Het was van de wijk Nakameguro in Tokio naar een wijk die Fudomae heet, niet al te ver ervandaan, en het inpakken (zonder ook maar één enkele kartonnen doos te gebruiken, let wel), de verhuizing zelf en het uitpakken kostte maar anderhalf uur. Zonder dollen. De volgende keer dat ik ga verhuizen, wil ik een nog kleiner huis zoeken om te wonen. Het appartement van 20 m² waar ik nu woon lijkt te groot voor me. Het zou heerlijk zijn om in een huis van ongeveer 12 m² te wonen, zoals de schrijfster Dominique Loreau. Bovendien hoort bij een kleiner appartement een lagere huur. Ik ben eindelijk bevrijd van al mijn vroegere zoekcriteria: de noodzaak van zoveel ruimte om dit of dat voorwerp op te slaan, en een woonkamer die zoveel vierkante meter moet zijn om alles erin te laten passen. Het kost zo weinig tijd om naar een nieuwe plek te verhuizen. Ik heb afstand gedaan van mijn bezittingen en heb de vrijheid gewonnen om te verhuizen wanneer ik daar maar zin in heb.

De vrijheid om een nieuwe levensstijl te kiezen

Veel mensen verkennen allerlei nieuwe soorten huisvesting. Voorbeelden zijn de hut van schrijver Tomoya Takamura, die hij heeft gebouwd voor 830 euro, het mobiele huis van Kyohei Sakaguchi en natuurlijk de *tiny house*-beweging. Deze initiatieven zijn allemaal creatieve alternatieven voor de conventionele dertigjarige hypotheek.

Door sommigen wordt geschat dat het aantal leegstaande huizen in Japan tegen het jaar 2040 de 40 procent zal bereiken. Bovendien nemen de risico's van het wonen in een conventioneel huis vanwege de frequente aardbevingen in Japan elk jaar toe. Al die nieuwe opties voor een andere levensstijl hebben één ding gemeen: het zijn geen normale, grote huizen waar veel spullen in kunnen worden opgeslagen.

Het is voor minimalisten die maar weinig bezittingen hebben gemakkelijk om elk soort huis te kiezen dat ze willen en ik vind al die nieuwe opties voor een andere levensstijl fascinerend. Ik kan me zo voorstellen dat deze trend steeds meer in zwang zal raken.

Lagere kosten voor levensonderhoud leiden tot een vrijer leven

Er bestaat een belangrijk concept dat 'minimale kosten voor levensonderhoud' heet en dat betrekking heeft op de minimale hoeveelheid geld die je nodig hebt om te leven. Volgens mij is het voor iedereen de moeite waard om dit ten minste één keer voor zichzelf te berekenen, door de huur, de boodschappen, gas en licht, telefoonabonnement, enzovoort bij elkaar op te tellen.

Ik woon in de wijk Fudomae in Tokio en mijn huur is 67.000 yen (ongeveer 525 euro) per maand. Ik kan met gemak leven van 100.000 yen (ongeveer 750 euro) per maand, en dat is inclusief andere moderne behoeften zoals mijn iPhone. Ik vind het prima om al mijn eten zelf te koken, als ik wil lezen naar de bibliotheek te gaan en in het park te wandelen om te ontspannen.

Het is allemaal mogelijk, zelfs plezierig, omdat je wanneer je begint met minimalisme ophoudt jezelf met anderen te vergelijken. Als je die onnodige trots eenmaal aan de kant hebt gezet die gedachten opwekt als: Ik ben niet iemand die dit soort werk zou horen te doen! of: Ik zou wel in zo'n huis willen wonen als ik in dat tijdschrift heb gezien, of: Ik wil niet dat mensen denken dat ik arm ben, zijn er genoeg baantjes te krijgen waar je 100.000 yen per maand mee kunt verdienen.

Als gevolg daarvan hoef ik me zelfs geen zorgen meer te maken over mijn pensioen. Ik ben optimistisch, want het enige wat ik hoef te doen, is elke maand 100.000 yen verdienen. Er zijn tegenwoordig veel banen beschikbaar waarvoor je alleen maar een internetverbinding hoeft te hebben, dus je kunt zelfs in het buitenland gaan wonen waar de kosten voor het levensonderhoud nog lager zijn. Het heeft geen zin om genoegen te nemen met een vreselijke baan of jezelf dood te werken alleen maar om je levensstandaard in stand te houden. Door minder te hebben en je kosten voor levensonderhoud te verlagen, kun je overal naartoe gaan waar je maar wilt. Minimalisme kan werkelijk bevrijdend zijn.

Bevrijd van je imago's

We identificeren ons allemaal tot op zekere hoogte met onze bezittingen. Ik beschouwde mijn enorme verzameling boeken, cd's en dvd's als een deel van wie ik was. Het is moeilijk om afscheid te nemen van iets waar je van houdt, omdat dat voelt alsof je een deel van jezelf weggooit en daar kan ik best inkomen. Maar de waarheid is dat ik, door mijn boeken, cd's en dvd's weg te doen, in staat was een fundamenteel vrijheidsgevoel te verwerven dat moeilijk onder woorden te brengen is; het is een soort vrij zijn van mijn imago's, zou je kunnen zeggen.

Als zogenaamde filmkenner keek ik vijf of zes films per week. Ik schaamde me als er een film was waar iedereen het over had die ik nog niet had gezien. Ik wilde pronken met het feit dat ik zoveel films keek. Ik wilde kunnen zeggen: 'Die film? Ja, die heb ik gezien. Die andere heb ik ook gezien. Ja, ik zou ook die andere weleens willen zien.' Hoewel ik nog steeds een liefhebber van films ben, realiseer ik me dat ik vroeger alleen maar gehecht was aan het imago van 'filmkenner'. Tegenwoordig maak ik me niet druk over hoeveel films ik zie. Ik ben geen 'filmkenner' meer, maar in plaats daarvan ben ik iemand die geniet van de films die ik echt wil zien.

Als er nu een filmtitel ter sprake komt in het gesprek die ik niet ken, heb ik er geen moeite mee om te vragen: 'Wat voor film is het? Vertel eens verder.'

Er zijn dingen waar je zoveel van houdt dat het voelt alsof ze deel van je uitmaken. Ze vormen zich tot een imago dat je vervolgens moet onderhouden. Afscheid nemen van die dingen betekent dat je jezelf losmaakt van dat bepaalde bewustzijn.

Bevrijd van hebzucht

Wanneer je minimalist wordt, bevrijd je jezelf van alle materialistische boodschappen die je omringen. Alle creatieve marketing en alle irritante reclames hebben geen invloed meer op je. Je bent niet meer jaloers op beroemdheden. Luxe winkeletalages, bonuskaarten, fantastisch nieuwe luxeproducten, nieuwe appartementen in wolkenkrabbers die nog gebouwd moeten worden... Het heeft allemaal niets te maken met jou, en je kunt op je gemak en met een vrij gevoel door de stad slenteren.

Zoals ik al heb uitgelegd in hoofdstuk 2 geldt dat hoe meer spullen je hebt, des te meer je om je heen verzamelt. Je zult nooit tevreden zijn wanneer je vastzit in die cyclus; het zal er alleen maar voor zorgen dat je steeds meer wilt.

Het is als een monster dat steeds hongeriger wordt naarmate het meer eet. *Wetiko* is een woord van de Noord-Amerikaanse indianen, dat letterlijk vertaald 'menseneter' betekent. Het verwijst naar de geestelijke stoornis waarbij je meer wilt dan je nodig hebt. Deze stoornis ruïneert het leven van mensen.

Als het zijn gang kan gaan, kan onze honger naar spullen onbeheersbaar worden en een monster worden. In het verleden was ik in de ban van de hebzucht. Ik was altijd op zoek naar meer. Maar nu heb ik alles wat ik nodig heb.

Er is niets specifieks wat ik echt wil hebben. Misschien komt het als een verrassing, maar dat is een fantastisch gevoel.

Ik vergelijk mezelf niet meer met anderen.

Wanneer je beseft dat het je aan niets ontbreekt,
behoort de hele wereld je toe.

LAO TSE

Hoe word ik in één klap ongelukkig?

Wil je weten hoe je jezelf in één klap ongelukkig kunt maken? Dan moet je jezelf met iemand anders vergelijken.

Ik keek ooit toe hoe een meisje van wie ik vroeger had gehouden trouwde met een man die veel geld verdiende. Ik vergeleek mezelf met hem en voelde me ellendig. En ik weet het aan mijn inkomen dat ik haar was kwijtgeraakt. Maar als ik er nu aan terugdenk, was het niet geld waar het me aan ontbrak.

Als je jezelf vergelijkt met succesvolle mensen van jouw leeftijd, ga je je automatisch dom en incompetent voelen. De sociale media lijken bol te staan van mensen die meer van het leven genieten dan jij. Je kunt door een straat lopen, een groep onbekende mensen plezier zien hebben en je meteen ongelukkig voelen.

We denken altijd dat het gras groener is bij de buren. Maar het gras zelf kan het niets schelen. Het is de eigenaar van het gras die zich er druk om maakt. Soms gebruiken we zelfs chemicaliën om het gras groen te verven zodat het hetzelfde is als het gazon van de buren. Maar op een gegeven moment wordt dat gras bruin, doordat de natuurlijke schoonheid ervan vernietigd is vanwege de zinloze vergelijking.

Met wie vergelijkt Bill Gates zich?

We kunnen het niet helpen dat we ons met anderen vergelijken. Het probleem is dat er geen eind komt aan die vergelijkingen.

Stel: een man werkt bij een technologisch start-upbedrijfje. Hij ziet een heel getalenteerde leidinggevende van het bedrijf en vergelijkt zichzelf met haar. Op haar beurt vergelijkt die vrouw zichzelf misschien met de CEO die het bedrijf heeft opgestart, terwijl de CEO zichzelf vergelijkt met een andere CEO van een groter, succesvoller bedrijf, en die CEO zal zichzelf vergelijken met Bill Gates. Dus met wie vergelijkt Bill Gates zich dan? Misschien wel met de jongere versie van zichzelf, of een jonge ondernemer die op het punt staat beroemd te worden.

Zodra je jezelf begint te vergelijken met anderen, zul je altijd iemand vinden die beter is dan jij. Hoe rijk je ook bent, of hoe knap, of hoe mooi, er is altijd wel iemand die rijker of mooier is. Zelfs als je beroemd wordt als acteur, zou je je misschien toch nog ellendig voelen wanneer je je vergelijkt met Johnny Depp of Brad Pitt. Of misschien heb je je droom om profvoetballer waargemaakt en ben je toch nog ongelukkig omdat je jezelf blijft vergelijken met Lionel Messi. Zelfs als je op een bepaald gebied de top haalt, zul je altijd manieren vinden om jezelf te vergelijken met mensen op andere gebieden.

Nu ik afscheid heb genomen van mijn bezittingen, vergelijk ik mezelf met niemand meer. Vroeger schaamde ik me als ik mijn erbarmelijke appartementje vergeleek met iemand anders' huis. Of ik zag mensen die ik kende alles kopen wat ze maar wilden en dan werd ik jaloers. Maar nu heb ik die oude versie van mezelf vaarwel kunnen zeggen, omdat ik niet meer meedoe aan die moordende competitie van nooit ophoudende vergelijkingen en verzamelwoede.

Ervaringen laten zich niet vergelijken

Zoals ik al heb uitgelegd in hoofdstuk 2 raken mensen gewend aan voorwerpen. En het is bekend dat het geluksgevoel langer voortduurt wanneer het is gebaseerd op ervaringen in plaats van op voorwerpen. Bij een jas van 1.000 euro zal het nieuwe er snel af zijn als je hem steeds draagt, maar als je dat geld had uitgegeven aan een reis met een vriend, kun je je dat plezier elke keer weer voor de geest halen wanneer je terugdenkt aan die reis. Het plezier wordt niet minder elke keer als je er weer aan terugdenkt.

Waarom hebben we de neiging om geld uit te geven aan dingen in plaats van aan ervaringen? Dat heeft te maken met onze behoefte onszelf met anderen te vergelijken. De psycholoog Sonja Lyubomirsky wijst erop dat het gemakkelijk is om jouw handtas te vergelijken met de handtas van een ander, omdat het prijskaartje duidelijk aangeeft wat de waarde van de tas is. Als het een tas van een duur merk is, is het zelfs nog gemakkelijker om te vergelijken, omdat iedereen zich bewust is van de waarde ervan.

Aan de andere kant is er heel wat fantasie voor nodig als je jouw yogales wilt vergelijken met iemand anders' spelletje golf, of jouw visreisje met iemand anders' kampeertrektocht.

Misschien is dat de reden waarom ervaringen je langere tijd een geluksgevoel geven. Je zult een veel intenser gevoel van tevredenheid krijgen door het opdoen van ervaringen dan door het kopen van spullen, omdat jouw ervaringen zich niet laten vergelijken met die van anderen. Omdat ze moeilijk te vergelijken zijn, hoeven je ervaringen niet eens zeldzaam of duur te zijn om speciaal te zijn voor jou.

Wanneer je ophoudt met vergelijken, vind je jezelf

Net als met onze vergaardrift van materiële voorwerpen zullen we, als we onszelf eenmaal beginnen te vergelijken met anderen, niet meer kunnen stoppen. Tijdens het schrijven van dit boek zou ik niet in staat zijn geweest ook maar één woord te schrijven als ik was begonnen na te denken over boeken die zijn geschreven door mensen die beter zijn dan ik. Laten we wel wezen, er zullen altijd mensen zijn die beter zijn dan wij. Als we ons beginnen te vergelijken met die mensen en onszelf kwellen met gedachten dat we niets zijn vergeleken met hen, zullen we volledig verlamd raken.

Maar wanneer je vaarwel zegt tegen al je onnodige spullen, zeg je ook vaarwel tegen het proces van jezelf vergelijken met andere mensen. Je hebt tenslotte al die materiële voorwerpen niet meer die worden gebruikt om je status met die van anderen te vergelijken.

En als je eenmaal een minimalist bent die alleen maar heeft wat jíj nodig hebt, zal je focus automatisch verschuiven van anderen naar jezelf. Bevrijd van het vergelijken zul je beginnen te ontdekken wie je werkelijk bent.

Ik ben opgehouden met me druk maken over hoe anderen me zien.

Jij bent de enige die zich druk maakt over je gezicht.

ICHIRO KISHIMI EN FUMITAKE KOGA, *KIRAWARERU YUKI*
(DE MOED OM NIET AARDIG GEVONDEN TE WORDEN)

Steve Jobs werd niet zenuwachtig

Bij het proces van het minimaliseren pakte ik ook mijn kleren aan en ik minimaliseerde mijn garderobe. Zoals ik al heb uitgelegd in hoofdstuk 3 is het mogelijk om meer tijd te creëren en te focussen op de belangrijke dingen als we persoonlijke uniforms in overweging nemen. Steve Jobs had zijn zwarte coltrui en Mark Zuckerberg heeft zijn grijze T-shirt. Zij waren het erover eens dat het tijdverspilling is om te kiezen welke kleren je aan wilt. Ze gebruiken die tijd liever om iets creatiefs te doen.

Een minimalistische garderobe heeft nóg een voordeel. Omdat we kledingstukken kiezen die tijdloos zijn, hoeven we ons geen zorgen te maken dat ze uit de mode raken. We dragen geen kleren in buitenissige stijl, dus we hoeven ons geen zorgen te maken of een outfit wel echt bij ons past, of het wel een goede combinatie is, of over wat anderen van ons zullen vinden. We zijn niet jaloers op dure kleren en we schamen ons er niet voor om goedkope kleren te dragen. Met andere woorden: we maken ons niet druk meer over hoe andere mensen ons zien.

Je wordt al gauw een beetje zenuwachtig als je een stijlvolle winkel binnenwandelt, maar denk dan even aan Steve Jobs, de man die altijd hetzelfde droeg. Denk je dat hij zenuwachtig zou zijn geweest als hij een Comme des Garçons-winkel binnenstapte en denk je dat hij zich afvroeg wat mensen zouden vinden van zijn outfit?

Vroeger was ik veel te veel met mijn uiterlijk bezig. Zelfs als ik gewoon door de stad liep, vroeg ik me af of de mensen mijn kleren belachelijk zouden vinden en of het wel bij elkaar paste. Ik geloof dat ik, door ook minimalistisch te worden wat betreft de kleren die ik draag, relaxter ben geworden over hoe anderen me zien.

De echte reden waarom het moeilijk is om in je eentje in een restaurant te eten

Het is moeilijk om in je eentje in een restaurant te eten. Neem bijvoorbeeld een Koreaans barbecuerestaurant. Word je niet paranoïde over het feit dat het restaurantpersoneel en ook de andere gasten naar je kijken en denken dat je wel lef moet hebben om in je eentje een barbecue te houden, terwijl het vlees op de grill voor je ligt te sissen? Dat je wel eenzaam moet zijn om zo alleen te eten? Nou, zelfs als ze dat dachten, dan duurde dat maar een seconde of tien, dertig op zijn hoogst. Maar omdat we volledig op onszelf gefocust zijn wanneer we een barbecue voor één persoon houden, denken we algauw dat we gedurende onze hele maaltijd bekeken worden. Maar probeer je eens te verplaatsen in de mensen om je heen en dan zul je zien dat niemand erg geïnteresseerd is in jou. Zoals ik eerder al zei, ben jij degene die zich druk maakt om jezelf.

Ik geloof niet dat het mogelijk is om te bewijzen wat anderen denken. Stel dat je naar een andere gast toe liep en dat je tegen hem zei: 'Hé, je zat te denken hoe eenzaam ik wel niet moet zijn om alleen te eten, hè?' Misschien zou hij nee zeggen, ofwel uit beleefdheid ofwel omdat het waar was. Misschien zou je erop doorgaan en zeggen dat je het kon bewijzen omdat hij zo-even nog naar je zat te staren en te lachen, maar je zou niets terug kunnen zeggen als hij zei dat hij gewoon om iets anders moest lachen.

Misschien dacht hij inderdaad wel wat een eenzame eter je was. En misschien ook niet. Je kunt geen van beide bewijzen. Het heeft geen zin om je druk te maken over iets wat je niet kunt bewijzen. En het is helemaal zonde als je niet kunt doen wat je wilt omdat je je druk maakt over hoe anderen je misschien zien. Als jij in je eentje wilt barbecueën, nou, waarom zou je dat dan niet doen? Niemand maakt zich zo druk om jou als je denkt. Iedereen is druk bezig met zijn eigen leven.

De schijn ophouden houdt ons alleen maar tegen

Er is een tijd geweest dat ik e-boeken niet echt zag zitten. Gedrukte boeken zijn geweldig; je kunt de bladzijden snel en gemakkelijk omslaan, ze hebben zo'n fijn warm analoog gevoel en het is een groot plezier om naar een mooi vormgegeven omslag te kijken.

Ik geloof echter dat de echte reden waarom ik niet zo van e-boeken hield niet was dat ze minder aantrekkelijk zijn dan papieren boeken, maar vooral dat je ze na het lezen niet in de kast kunt zetten. Ik bezat een enorm aantal boeken waarvan ik had gedacht dat ik ze goed vond en die ik had verzameld, maar later realiseerde ik me dat ik ze alleen maar had gekocht voor de show. Ik wilde dat mensen ze zouden zien en onder de indruk zouden zijn van hoe diepzinnig ik was en hoe groot mijn dorst naar kennis wel niet moest zijn.

Het is me nu duidelijk dat ik aan anderen wilde uitdragen hoe waardevol ik was, via mijn boeken. Voor dat doel moesten ze absoluut opgestapeld worden als ik ze uit had.

Iedereen die een stapel boeken bij jou thuis ziet, zal denken dat je veel hebt gelezen. Ik had niets met e-boeken omdat het eruit zou zien alsof ik maar één enkel boek had gelezen, ongeacht hoeveel duizenden boeken ik had verslonden.

Er waren een heleboel boeken die ik jaren ongelezen had laten liggen. Ik had mezelf wijsgemaakt dat ik ze 'binnenkort' zou lezen. Maar ik besef dat ze er voornamelijk waren om de schijn op te houden dat ik een intellectueel was.

Nu ik afscheid heb genomen van die stapels ongelezen boeken, heb ik me kunnen concentreren op het enige boek dat me op dit moment echt interesseert. Als gevolg daarvan lees ik meer boeken. Door afscheid te nemen van mijn oude boeken is mijn belangstelling voor nieuwe gebieden opgebloeid. Door het oude te laten gaan, heb ik het nieuwe kunnen omarmen.

Lessen van een ongebruikte-cameraverzameling

Ik hou van fotograferen. Ik maak mezelf ook graag wijs dat ik vrij veel afweet van fotografie. Er is een tijd geweest dat ik mijn keuken gebruikte als donkere kamer voor kleurennegatieven. Ik verzamelde prachtige antieke camera's en bezocht veilingen om de ene zeldzame camera na de andere te kopen. Ik stelde ze tentoon in mijn appartement en ik heb er nooit daadwerkelijk een rolletje in gedaan.

Ik heb ze nooit gebruikt. Ze maakten alleen maar deel uit van het decor. Ze waren er zodat ik tegen mensen kon zeggen dat ik veel camera's had, zodat ik een camera-enthousiasteling kon lijken met een artistiek tintje.

Sindsdien heb ik al mijn camera's verkocht. Ik maakte gebruik van een veilingmeester en deed alles in één keer weg, inclusief mijn vochtvrije opslagkast. Door dit door te zetten en al die dingen weg te doen waar ik alleen maar om de schijn op te houden aan had vastgehouden, ging ik me minder druk maken over hoe ik overkwam op anderen. Toen kon ik die onzinnige trots en onzekerheid laten varen die me zo lang hadden dwarsgezeten en me hadden verhinderd te doen wat me echt interesseerde.

Mijn appartement heeft een toestand bereikt waarin ik het geen punt vind om het aan iedereen die het wil te laten zien. Hetzelfde geldt voor mijn rugtas en mijn portemonnee. Ik schaam me nergens meer voor. Ik doe gewoon waar ik zin in heb.

Ik ben meer betrokken bij de wereld om me heen.

Wat je ook doet, het zal altijd onbetekenend zijn, maar het is heel belangrijk dat je het doet.

toegeschreven aan MAHATMA GANDHI

Ik ben geen superintroverte persoon meer

Ik heb nu tijd. Ik ben niet bang voor wat mensen van me vinden. Ik kan het huishouden gemakkelijk bijbenen en dat leidt tot meer zelfvertrouwen. Zo begint de positieve cyclus van het minimalisme. Wat begon als een heel klein kringetje zal geleidelijk aan een steeds grotere cirkel worden. Als gevolg van die cyclus is er niets meer wat me ervan weerhoudt iets te proberen.

Hier volgen een paar van de uitdagingen die ik ben aangegaan sinds ik minimalist ben geworden en die voor mijn oude ik niet mogelijk zouden zijn geweest:

- Ik heb duiklessen genomen (ik was al jaren van plan om dat eens te doen).
- Ik heb van zenmeditatie een regelmatige gewoonte gemaakt (ik heb op van de zenuwen deelgenomen aan een zensessie die werd gehouden door Ryunosuke Koike).
- Ik heb deelgenomen aan een yogales in mijn sportschool (vroeger dacht ik dat mensen zouden lachen als ze zagen hoe stijf ik was).
- Ik ben begonnen contact te leggen met mensen die ik wil ontmoeten (mensen willen me ontmoeten, zelfs beroemdheden!).
- Ik heb deelgenomen aan persoonlijke ontmoetingen met minimalisten in heel Japan (dat is altijd erg leuk!).
- Ik ben vrienden geworden met mensen die ik heb ontmoet via internet (ik heb nu vrienden die ik overal in het land kan opzoeken!).
- Ik ben een website begonnen (vroeger vond ik mensen die zichzelf promoten te geobsedeerd met zichzelf).
- Ik heb me aangesloten bij Twitter (vroeger vond ik mensen die Twitter gebruikten nogal... Nou ja, misschien is het beter om dat weg te laten).

- Ik ben eindelijk verhuisd, voor het eerst in tien jaar (het kostte een halfuur, maar de volgende keer zou het niet meer dan twintig minuten moeten kosten).
- Ik heb mijn liefde verklaard aan een meisje van wie ik dacht dat ze te hoog gegrepen was voor me en heb een relatie met haar gekregen (mijn oude ik zou daar nooit het lef voor hebben gehad).
- Ik heb een boek geschreven, zoals wel duidelijk is (mijn oude ik zou hebben gezegd: vergeet het maar, je gaat jezelf alleen maar belachelijk maken).

Het meisje met wie ik verkering kreeg, heeft het uiteindelijk uitgemaakt met me, maar ik heb mijn wonden gelikt door mezelf wijs te maken dat het kwam doordat ik de ware lessen van het minimalisme nog steeds niet volledig heb begrepen. Ik realiseer me nu dat ik me nog altijd te druk maakte om wat ze van me vond.

In de toekomst ga ik me toeleggen op Engels. Ook ben ik van plan vaker van de natuur te genieten. Ik zou willen proberen te surfen en misschien een beetje bergbeklimmen, en ik heb me ook voorgenomen om mijn motorrijbewijs te halen. Wat is er gebeurd met de introverte persoon die ik vroeger was? Ben ik soms ontvoerd door buitenaardse wezens? Hebben ze een chip in me geplant toen ik even niet keek?

Niets wat zo ingewikkeld of spannend is, natuurlijk. Het enige wat ik heb gedaan, was vaarwel zeggen tegen mijn spullen.

Ik heb liever spijt van iets wat ik heb gedaan dan van iets wat ik niet heb gedaan

De spijt die we voelen omdat we iets niet hebben gedaan laat een veel sterkere indruk achter dan de spijt die we voelen om iets wat we wel hebben gedaan. In de psychologie wordt dit het Zeigarnik-effect genoemd. Het houdt in dat mensen beter activiteiten onthouden waar ze aan zijn begonnen en die ze niet hebben afgemaakt dan activiteiten die ze wel hebben afgemaakt.

Ik weet bijvoorbeeld zeker dat de meesten van ons er spijt van hebben dat we niet tegen bepaalde mensen hebben gezegd dat we van hen houden, en dat gevoel zullen we waarschijnlijk de rest van ons leven meedragen. De wetenschap dat we te bang waren om het te proberen zadelt ons op met meer spijt dan het feit dat we het niet hebben gedaan. De les is duidelijk: als er iets is wat je wilt doen, moet je het nu meteen doen, of het nou lukt of niet.

Daarom heb ik dit boek geschreven. Misschien krijg ik er later spijt van. Maar ik weet zeker dat ik er meer spijt van zou hebben als ik het niet had gedaan. In het algemeen maakt tot actie overgaan gelukkig.

Minimalisten kunnen risico's nemen

Als je de levensstandaard wilt handhaven die je door de jaren heen hebt opgebouwd en de spullen die je hebt verzameld niet weg wilt doen, moet je de status quo handhaven. Dat betekent: geen veranderingen en geen risico's. Of je nou wel of niet van je baan houdt, je zult hem moeten houden om je kwaliteit van leven in stand te houden en al je bezittingen te kunnen houden. Er wordt vaak gezegd dat je je werk moet verdragen om 'brood op de plank te hebben' of om 'te genieten van de leukere dingen in het leven'. Maar wacht eens. De meeste van die 'leukere dingen' en het geld dat we ervoor nodig hebben zijn alleen maar voor de show. We worden meer gedreven door trots dan door wat we nodig hebben.

Bezit minder, wees vrij en je zult overal naartoe kunnen gaan, wanneer je maar wilt. Je zult je niet druk maken over wat anderen van je vinden, zodat je nieuwe uitdagingen kunt aangaan zonder bang te zijn dat die mislukken. Onze kosten voor levensonderhoud zullen afnemen wanneer we afscheid nemen van onze bezittingen, wat betekent dat we meer vrijheid zullen hebben in onze keuze van een baan.

Vroeger zat ik vast doordat ik de voor- en nadelen van elke handeling tegen elkaar afwoog. Ik was de hele tijd bezig met zoeken naar de meest efficiënte en veilige methode om een doel te bereiken, maar ik deed nooit iets. Nu onderneem ik actie. Ik maak me niet meer druk om het feit dat ik de een of andere status quo moet handhaven. Echt, minimalisten hebben geen bezittingen waarvan ze bang zijn dat ze ze kwijt zullen raken. Dat verschaft hun het optimisme en de moed om risico's te nemen.

Ervaringen kunnen je niet worden afgenomen

Misschien is de belangrijkste reden om eropuit te gaan en de strijd aan te gaan met de wereld dat de ervaringen die je opdoet via je activiteiten je nooit meer afgenomen kunnen worden. Anders dan onze materiële bezittingen bevinden onze ervaringen zich binnen in ons en we kunnen ze overal mee naartoe nemen. Wat er ook met ons gebeurt, de ervaringen zijn en blijven van ons.

Ik kan beter focussen. Ik kan me concentreren op mezelf zijn.

Ik ben net zo trots op wat we niet doen als op wat we wel doen.

STEVE JOBS

Het stille to-dolijstje

Wanneer we onze bezittingen wegdoen, kunnen we ons beter concentreren. Waarom zou dat zijn?

Spullen liggen niet gewoon maar ergens. Ze sturen ons stille boodschappen. Hoe meer een voorwerp verwaarloosd is, des te sterker de boodschap ervan zal zijn.

Misschien ligt er wel een leerboek Engels dat ik al heb weggelegd voordat ik zelfs maar halverwege was. Het zou me kunnen aankijken en iets zeggen als: *Je ziet eruit alsof je je verveelt. Waarom probeer je niet weer in mij te studeren?*

Of er is een kapotte lamp die nog vervangen moet worden: *Ga me nou niet vertellen dat je alweer vergeten bent een vervanger voor me te kopen! Waarom kun je niet eens zoiets eenvoudigs doen?*

Of een stapel vieze borden: *Altijd hetzelfde liedje. Ik kan nooit op je rekenen.*

We krijgen zelfs boodschappen van voorwerpen die we dagelijks gebruiken. Stel je eens voor wat je tv tegen je zou kunnen zeggen: *Eh, je hebt nog een heleboel opgenomen programma's waar je nog niet naar hebt gekeken. O, en misschien wordt het tijd dat je met de stofdoek over me heen gaat.*

En je laptop: *Het zou wel leuk zijn om een printer als vriend te hebben... O nou ja, laat ook maar.*

En dan is er nog de douchegel in de badkamer: *Zeg hallo, ik ben bijna op!*

Of de lakens: *Ik weet dat je het druk hebt, maar zou je het heel erg vinden om me een dezer dagen eens te wassen?*

Al onze bezittingen willen dat er voor ze wordt gezorgd en dat vertellen ze ons elke keer dat we naar ze kijken. Ze staan allemaal in de rij in ons hoofd op hun beurt te wachten tot we naar ze kijken en luisteren naar wat ze te zeggen hebben.

Deze rij met spullen wordt langer en langer naarmate we meer materiële bezittingen om ons heen verzamelen. Ik noem dat het 'stille to-dolijstje'. Natuurlijk gaan onze bezittingen ons niet letterlijk vertellen dat we dit of dat moeten doen. Anders dan onze echte to-dolijstjes zijn er geen bazen of klanten die ons achter onze vodden zitten tot we klaar zijn. Maar als we het lijstje negeren, zal het uitgroeien tot een enorme to-dolijst.

Wanneer een persoon – een stuk hardware van vijftigduizend jaar oud – opdracht krijgt om een heleboel dingen tegelijk te doen, zal hij of zij op slot gaan en verlamd raken. Wanneer we ons lui of ongemotiveerd voelen, dan komt dat waarschijnlijk doordat óf onze to-dolijst te lang is, óf doordat we worden omringd door zoveel kleine klusjes dat we niet toekomen aan wat echt belangrijk is.

Onze belangrijke dingen de ruimte geven om belangrijk te zijn

Mensen zeggen vaak dat iemand met een rommelig bureau niet erg productief is en ik geloof dat het stille to-dolijstje daar de reden van is. Als een bureau bezaaid ligt met ongeordende visitekaartjes, papieren die in mappen gestopt moeten worden en allerlei informatie die weggegooid moet worden, is dat in wezen een enorme stille to-dolijst die onze concentratie wegzuigt. Het kost zeeën van tijd om iets te vinden in die stapel en terwijl we door die rommel zoeken naar de echte to-dolijst, waar we ons op moeten richten, raken we het spoor van onze prioriteiten bijster. Op dat moment raken we overweldigd door de stapel troep, ons zelfrespect daalt, de stress neemt toe en we vluchten naar onze smartphone of we vluchten het internet op om onze sociale media even te bekijken; we zitten gevangen in een vicieuze cirkel.

Als we minder bezittingen hebben, zullen deze stille boodschappen bijna vanzelf ook minder worden. Zonder de stapel kost het minder moeite om de boodschappen op volgorde van belangrijkheid te leggen en als we een bericht of twee ontvangen, hebben we de capaciteit om onmiddellijk te reageren.

Dat is de reden waarom het gemakkelijker is om je te concentreren wanneer je minder materiële bezittingen hebt. Als al die overbodige stille to-doboodschappen verdwenen zijn, kunnen we focussen op de werkelijk belangrijke dingen die overblijven.

Lionel Messi's minimalisme

De enige manier om te focussen op de belangrijke dingen is door het aantal dingen dat niet belangrijk is te verminderen. Zoals ik al opmerkte in hoofdstuk 1 is dit de richtlijn van minimalisme. Ik geloof dat de stervoetballer Lionel Messi een voorbeeld is van iemand die dit principe heel goed heeft begrepen.

Messi, die voor FC Barcelona speelt en die waarschijnlijk de geschiedenis in zal gaan als een van de beste spelers die de sport ooit heeft voortgebracht, staat erom bekend dat hij maar kleine afstanden loopt tijdens zijn wedstrijden. Terwijl profvoetballers in het algemeen ongeveer tien kilometer per wedstrijd rennen, is Messi's gemiddelde acht kilometer. Sterker nog, je ziet hem tijdens een wedstrijd vaak over het veld wándelen. Er zijn ook gegevens die erop wijzen dat hij niet alleen jogt – in plaats van te rennen – om een verdedigende positie in te nemen, maar ook niet voluit sprint tijdens de aanval.

Ik geloof dat Messi's minimalistische stijl de reden is dat hij de beste voetballer ter wereld is. Hij heeft duidelijk voor ogen wat de cruciale momenten zijn waarop hij voluit moet gaan om zijn tegenstanders voorbij te gaan. Voor hem heeft scoren de hoogste prioriteit. Hij heeft al het andere teruggedrongen om zijn energie te sparen en te focussen op wat echt belangrijk is: die cruciale scoringskansen.

Steve Jobs, de perfecte minimalist

Steve Jobs was niet alleen minimalist omdat hij altijd hetzelfde droeg en overtolligheden van zijn producten wegliet. Hij liet zich bij vrijwel alles wat hij deed leiden door het minimalisme.

Het eerste wat Jobs deed, na zijn comeback bij Apple, was oude documenten en apparaten die bijna bedekt waren onder de spinnenwebben doneren aan een museum. Hij begon door afscheid te nemen van materiële voorwerpen. Hij wilde focussen op het maken van producten die de wereld zouden veranderen en dus deed hij alles wat niet belangrijk was weg.

Hij verminderde het aantal mensen dat meedeed aan bedrijfsvergaderingen. Dan zag hij mensen van wie hij vond dat ze niet nodig waren voor een vergadering en dan zei hij zonder aarzelen: 'Bedankt, maar je hoeft niet deel te nemen aan deze vergadering.' Hij hield ervan om beslissingen te nemen met zo weinig mogelijk mensen.

Ik heb gehoord dat Apple meer respect had voor ideeën dan voor processen en daarvoor geldt hetzelfde principe. Bij veel bedrijven kan een ontwerper aankomen met een fantastisch concept, maar wordt het uiteindelijk afgezwakt nadat het langs de afdeling marketing, publiciteit, verkoop, enzovoort is geweest. Jobs verfoeide zulke processen en schafte ze af. Hij geloofde dat hoe meer handtekeningen je nodig had om een product goed te keuren, des te saaier het idee zou worden en des te meer tijd het zou gaan kosten tot het een voltooid product was.

Bij bijna alles wat hij deed begon Jobs niet met wat hij moest doen, maar focuste hij eerst op wat hij níét moest doen. In die zin was hij echt de perfecte minimalist. Hij wijdde zijn leven aan het wegdoen van dingen.

Het geluk van flow

Psycholoog Mihaly Csikszentmihalyi heeft een toestand van geluk bestudeerd die wordt opgewekt door concentratie. Dat noemde hij flow. Wanneer mensen volledig in iets opgaan, zijn ze niet alleen in staat hun problemen te vergeten, maar verliezen ze zelfs elk gevoel van tijd. Bij nog diepere concentratie kan zelfs het besef van het ego of het zelf verdwijnen. Dan krijgen ze een gevoel van tevredenheid en van levensvreugde.

De sleutel tot flow is het gevoel van tevredenheid over het verstrijken van de tijd. Kijken naar een spannende film of televisieserie kan het verstrijken van de tijd maskeren, maar leidt niet tot een toestand van flow.

Csikszentmihalyi's voorbeeld is het spelen van muziek, maar waarschijnlijk ben je, als je ooit zo bent opgegaan in een ingewikkelde taak dat je al het andere vergat, eigenlijk al in een toestand van flow geweest.

Flow is niet iets wat iedereen kan ontdekken. Maar je weet zeker dat je het gevonden hebt als je in een diepere concentratietoestand kunt opgaan dan je ooit eerder hebt meegemaakt. Die mate van concentratie is alleen mogelijk als we alle afleidingen en overbodige zaken hebben verwijderd. Als dat eenmaal gebeurd is, maken we het mogelijk in een toestand van flow te raken en dan kunnen we verdergaan op zoek naar nog meer geluk.

Informatieminimalisme

Mensen zijn vijftigduizend jaar oude stukken hardware. Noch onze hersenen, noch onze lichamen hebben zich significant ontwikkeld sinds die tijd. Ook al zijn de meest recente generaties opgegroeid met digitale technologie en met verbondenheid via internet, dat betekent nog niet dat onze hersenen plotseling meer opslagruimte of een beter geheugen hebben. Als we onze hersenen overbelasten zullen we vastlopen, net als oude computers.

Verminder het aantal bezittingen dat je hebt en je zult er minder boodschappen van ontvangen. Er zal minder geheugen nodig zijn om die voorwerpen te beheersen en je hersenen zullen gemakkelijker kunnen functioneren. Hetzelfde kan worden gezegd van informatie. In dit deel wil ik het hebben over het verminderen van de hoeveelheid informatie die we binnenkrijgen; ik wil het hebben over wat ik 'informatieminimalisme' noem.

Je antenne inklappen

Misschien heb je de term 'junkinformatie' weleens gehoord. We zien bijvoorbeeld iets op internet wat in eerste instantie onze aandacht lijkt te trekken, maar waarvan we later ontdekken dat het niet zoveel voorstelt, als we het al niet helemaal vergeten zijn tenminste. Te veel junkinformatie tot je nemen zal leiden tot een toestand van een 'informatiemetaboolsyndroom'. Tests hebben uitgewezen dat mensen die werden overspoeld met een overdaad aan informatie slechter presteerden bij hersentests dan wanneer ze marihuana hebben gerookt.

Waar het om gaat is niet hoeveel van die overdaad aan informatie we kunnen vergaren, maar juist hoe we afstand kunnen nemen van die informatiestromen en de hoeveelheid nutteloze informatie die we binnenkrijgen, kunnen verminderen.

De hoeveelheid informatie die tegenwoordig beschikbaar is, blijft explosief groeien. Als je een smartphone bezit heb je waarschijnlijk je e-mail al gecheckt voordat je er erg in hebt, en daarna heb je op allerlei links geklikt of misschien spelletjes gespeeld, uren achter elkaar. In plaats van het bereik van je antenne te vergroten, is het belangrijker dat je hem inklapt en de hoeveelheid informatie die je in je opneemt vermindert.

Een goede manier om je antenne in te klappen is door gewoon het aantal manieren waarop je toegang hebt tot informatie te verminderen. We horen vaak over uitputting als gevolg van buitensporige afhankelijkheid van sociale media, of stress als gevolg van het altijd verbonden zijn met anderen. Tomohiko Yoneda's *Digital Detox no susume* (Aanbevelingen voor digitale ontwenning) biedt interessante voorbeelden van manieren om je los te maken. Er bestaat een hotel met een digitaal-ontwenningsplan, waar je je smartphone en je laptop inlevert bij het inchecken. Er zijn smartphonevrije cafés waar je gewoon al je aandacht kunt richten op gezellig met andere mensen praten met een drankje erbij. Volkswagen heeft een verbod ingesteld op e-mailcommunicatie tussen medewerkers 's avonds laat en vroeg in de ochtend en Daimler heeft een systeem geïntroduceerd waarbij e-mails die naar medewerkers worden gestuurd tijdens hun vakantie automatisch worden verwijderd. Deze bedrijven proberen de overdaad aan informatie in te perken in het belang van het privéleven van mensen.

Meditatie, zen en yoga

Veel minimalisten mediteren en beoefenen zen of yoga, wat eigenlijk vrij logisch is als je erover nadenkt. Als je het aantal materiële bezittingen dat je hebt verminderd, word je minder afgeleid door je omgeving en verschuift je bewustzijn automatisch naar binnen.

Vroeger had ik altijd een vooroordeel tegen meditatie; het had iets New Age-achtigs, iets oppervlakkigs. Maar op een dag kreeg ik de kans om deel te nemen aan een zensessie met de monnik Ryonosuke Koike. Het was geweldig. Meditatie werd vanaf toen een gewoonte.

Er gaan allerlei gedachten door je hoofd wanneer je mediteert. Je focust op die gedachten en concentreert je op je ademhaling. De kracht van je concentratie begint te verbeteren, waardoor het een tweede natuur wordt, zelfs als je niet aan het mediteren bent. Je leert je gedachtegang te volgen en te sturen. Voor mij hebben zen en meditatie mijn geestestoestand zoveel verbeterd dat het net is alsof ik mijn persoonlijke besturingssysteem opnieuw heb geïnstalleerd. Google en Facebook zijn ook behoorlijk into zen en meditatie. Google houdt meditatieworkshops en ik heb gehoord dat ze bij het bedrijf doolhoven in de kantoren hebben gemaakt voor loopmeditaties.

Je kunt gemakkelijk verdrinken in de vloedgolf aan informatie om ons heen. Als je een beetje tijd vrijmaakt voor innerlijke bespiegeling zoals meditatie, zen en yoga, kan dat een heleboel schelen.

Minimalisme gebruiken om je te concentreren op jezelf

Sinds ik minimalist ben geworden, heb ik het idee dat de mist die mijn waarneming altijd benevelde langzaam is opgetrokken.

Ik was als een student zonder focus. Ik las allerlei boeken en keek allerlei films, zolang ze maar goede recensies hadden gekregen. Ik bestudeerde belangrijke mensen en belangrijke werken, maar ik maakte niet echt mijn eigen keuzes; ik was gewoon in het wilde weg informatie tot me aan het nemen. Dat is allemaal veranderd, denk ik.

Nu ik mijn materiële bezittingen heb geminimaliseerd, ben ik ook begonnen de hoeveelheid informatie die ik tot me neem te minimaliseren. Ik volg geen nutteloze nieuwsberichten, roddels of willekeurige stand-upcomedy meer. Ik probeer mijn gesprekken niet vol te stoppen met dingen die andere mensen hebben gemaakt of gedaan. In plaats van te focussen op de stemmen van anderen, focus ik op en geloof ik in de stem die uit mezelf komt. Tegenwoordig heb ik vaak het idee dat ik 'terugkeer' naar mezelf.

Vroeger had ik het idee dat er op de wereld al zoveel geweldige dingen waren geproduceerd dat ik er niets meer aan toe kon voegen. Ik maakte me zó druk over wat andere mensen zouden denken dat ik een buitensporige angst ontwikkelde om fouten te maken. Als ik een geweldig idee had, verwierp ik het omdat het van mij kwam.

Zo stel ik het me voor. Vroeger was er een andere 'ik' die binnen in mij leefde. Hij had dezelfde afmetingen en vorm als mijn gewone 'ik'. Maar hoe drukker ik me maakte om de wereld om me heen, des te kleiner werd de ik in mij. Hij raakte zo terneergeslagen dat hij nauwelijks meer overeind kon krabbelen. Maar nu heb ik het gevoel alsof die kleine, ouwe vertrouwde ik eindelijk is opgestaan. Minimalisme heeft me de focus gegeven om mijn innerlijke ik nieuw leven in te blazen.

Ik bespaar geld en ik geef meer om het milieu.

Om slim genoeg te zijn om al dat geld te vergaren,
moet je dom genoeg zijn om het te willen hebben.

GILBERT KEITH CHESTERTON

De minimale kosten van het minimalisme

Minimalisme is een heel effectieve manier om kosten terug te dringen. We besparen op allerlei manieren geld wanneer we minimalist worden en in sommige gevallen kunnen we er zelfs geld aan verdienen.

1. Minder materiële bezittingen betekent dat we geen groot huis nodig hebben om in te wonen, wat betekent dat er veel minder wordt uitgegeven aan woonkosten.
2. Alles verkopen wat we tot nu toe hebben verzameld brengt wat geld binnen.
3. We zijn selectiever wanneer we iets kopen, wat betekent dat er minder geld wordt uitgegeven aan lichtzinnige aankopen.
4. We zijn tevreden met de spullen die we al hebben, wat voortaan tot minder verlangen naar andere bezittingen zal leiden.
5. Minimalisme vermindert stress, wat ons helpt de vroegere kosten van eten en drinken te elimineren dat we alleen maar gebruikten ter verlichting van de stress.
6. We zullen ons niet meer zo druk maken over wat anderen van ons vinden. Als gevolg daarvan hoeven we niet meer dan werkelijk nodig is uit te geven aan huwelijken, kinderopvang, begrafenissen en andere gebeurtenissen.
7. Als je minimalisme op je werkt toepast, zal dat waarschijnlijk leiden tot een hogere efficiëntie en een hoger inkomen.

Zal het minimalisme leiden tot een instorting van de economie?

Sommige mensen maken zich misschien zorgen over de potentiële risico's voor de economie als steeds meer mensen zich tot het minimalisme wenden. Maar zo eenvoudig ligt het niet. Er zijn natuurlijk minimalisten die niet om bezittingen geven, maar er zijn er ook die dol zijn op materiële voorwerpen. Neem bijvoorbeeld een eetbord. Voor sommige mensen kan de focus liggen op kosteneffectiviteit – ze kunnen volmaakt tevreden zijn met servies uit een goedkope winkel – terwijl andere mensen een prachtig bord willen gebruiken dat gemaakt is door een ambachtsman.

Ik ben een van die minimalisten die dol zijn op spullen. Ik werp één blik in een tijdschrift en geniet dan van al die dingen die ik zou willen kopen. Het enige wat veranderd is, is dat ik niet langer dingen koop alléén maar omdat ik ze wil hebben. Ik ben absoluut voorzichtiger geworden in hoe ik mijn geld uitgeef, maar uiteindelijk geef ik nog steeds wel geld uit.

Ik ben mijn geld bijvoorbeeld meer gaan uitgeven aan ervaringen en aan mensen dan aan materiële dingen. Ik zou graag willen reizen en meer tijd doorbrengen in contact met de natuur. Ik geef geld uit aan openbaar vervoer om de mensen te bezoeken die ik wil zien. Ik help projecten te crowdfunden die ik interessant vind. Als ik mensen zie die op zoek zijn naar nieuwe manieren om te leven, help ik hen.

Minimalisme is heel effectief om te snijden in kosten, maar dat is niet het enige. We kunnen veranderen in de manier waarop we geld gebruiken; we kunnen het weghalen van dingen die alleen maar voor de show zijn en in plaats daarvan investeren in ervaringen, mensen of nieuwe initiatieven. We kunnen ons geld uitgeven aan zaken die werkelijk belangrijk zijn.

Ons afval minimaliseren

Nadat ik veel van mijn bezittingen had weggedaan, merkte ik dat ik voortaan ook de hoeveelheid afval die ik produceerde wilde minimaliseren. Ik had altijd mijn twijfels gehad bij bewegingen als

LOHAS (een acroniem dat staat voor *lifestyle of health and sustainability*, 'leefwijze van gezondheid en duurzaamheid') en allerlei andere ecologische activiteiten, maar het minimalisme heeft mijn kijk daarop veranderd. Ik kocht altijd flessenwater, maar vanwege een zeurend stemmetje in mijn hoofd dat zei dat het verspillend was, ben ik overgestapt op het gebruik van een Brita-waterfilter. Ik heb geprobeerd 's nachts een lantaarn op zonne-energie te gebruiken die overdag in de zon kan opladen. Nu ik minder bezittingen heb, heb ik ook minder elektrische apparaten en is mijn elektriciteitsrekening omlaaggegaan. Nu wil ik mijn rekeningen voor gas en water ook zo laag mogelijk zien te krijgen. Wanneer je je leven leidt met alleen maar de spullen om je heen die echt noodzakelijk zijn, ontwikkel je vaak een verlangen om ook al het andere dat niet essentieel is – zoals afval en energie – te verminderen en eenvoudig te leven op een compacte manier.

De grondstoffen die we hebben zullen uiteindelijk opraken. In discussies over de grondstoffenvoorraden van de aarde wordt er meestal van uitgegaan dat we nog ongeveer een eeuw lang winstgevend kunnen ontginnen. Over drie of vier generaties zullen wij er niet meer zijn, maar dat betekent niet dat we ons geen zorgen hoeven te maken over de toekomst. Ik heb wel eens gehoord over een principe van de Noord-Amerikaanse indianen dat luidt dat wanneer er iets besloten moet worden, ze zeven generaties vooruitkijken. Dat lijkt me logisch.

Wanneer je minimalist wordt, zal de hoeveelheid energie die je gebruikt ook minimaal worden. Je zult niet hoeven te proberen op een milieuvriendelijke manier te leven; dat zal vanzelf gaan. Door je hoeveelheid bezittingen te minimaliseren en voortaan een gefocust, eenvoudig leven te leiden, zul je merken dat de last op je schouders lichter wordt en dat je leeft op een manier die vriendelijker is voor het milieu. En weet je? Dat is best een lekker gevoel.

Ik ben gezonder en veiliger.

Een tafel, een stoel, een schaal fruit en een viool;
wat heeft iemand nog meer nodig om gelukkig te zijn?

ALBERT EINSTEIN

Minimalisten zijn slank

Ik heb een heleboel minimalisten ontmoet, en niet een van hen (tot dusverre tenminste) had overgewicht. Waarom zou dat zijn? Ik heb in een heleboel boeken over opruimen gelezen dat gewichtsverlies een extra bonus is die voortkomt uit het wegdoen van je overbodige spullen. Sinds ik minimalist ben geworden, ben ik zelf ongeveer tien kilo afgevallen. Veel anderen hebben dit effect beschreven door op te merken dat wanneer de dingen om je heen die vastzaten beginnen te bewegen, je *chi* – de levenskracht die door alles stroomt – beter zal stromen en je zult afvallen. Ik geloof dat er ook nog andere, specifiekere dingen gebeuren.

Volgens mij zijn er verschillende redenen waarom je afvalt wanneer je afscheid neemt van je bezittingen. We komen vaak aan doordat we meer eten dan ons lichaam nodig heeft. Misschien eten we te veel omdat dat stressverlagend werkt. We kunnen onze problemen even vergeten wanneer we eten. Hetzelfde geldt voor drinken.

Wanneer je vaarwel zegt tegen je spullen, zul je minder stress hebben omdat je die dingen niet meer om je heen hebt die je energie opslokken. Doordat je jezelf niet vergelijkt met anderen zul je nog meer stress kwijtraken. Je zult minder redenen hebben om je toevlucht te nemen tot eten en drinken.

Een duidelijk besef krijgen van ons verlangen om te eten

Wanneer je je bezittingen tot een minimum terugdringt, heb je een helderder en beter besef van je verlangens. Wat zijn de dingen die noodzakelijk zijn en wat zijn de dingen die je gewoon wilt? De scheidslijn tussen deze categorieën wordt duidelijk en is niet alleen van toepassing op voorwerpen. Hetzelfde geldt voor ons verlangen naar eten. Je ziet welke hoeveelheden voedsel echt nodig zijn en het gevolg daarvan is dat je niet meer eet dan je nodig hebt. Door alleen de spullen te bezitten die je nodig hebt, zul je een beter gevoel krijgen voor wanneer je genoeg hebt. Je kunt verzadigd raken zonder enorme hoeveelheden voedsel te hoeven eten.

Er bestaat een dieet in Japan dat het *chokomaka* (rusteloze) dieet heet, wat betekent dat je voortdurend rusteloos heen en weer beweegt, rond rommelend, om calorieën te verbranden. Misschien komt het doordat mijn appartement ruimer is geworden en ik ervan geniet om het huishouden te doen dat die kleine stapjes leiden tot gewichtsverlies. Ik vind het vaak leuk om net te doen alsof ik een werper ben bij honkbal en oefen dan werpbewegingen in mijn ruime, meubilairvrije appartement.

De vermindering van het aantal spullen dat ik met me meedraag heeft me ook actiever gemaakt en ik loop veel meer dan vroeger. Het klinkt misschien te mooi om waar te zijn, maar ik geloof echt dat je kunt afvallen wanneer je je bezittingen wegdoet. Vroeger was ik te zwaar, maar ik denk niet dat ik dat ooit nog zal zijn.

Het gevaar van spullen bij een natuurramp

Ik heb weleens horen zeggen dat er daklozen zijn die zich zorgen maken over huizenbezitters. Ze hebben het idee dat hoewel zij zelf niet ernstig gewond zouden raken in het geval van een aardbeving, het verschrikkelijk zou zijn voor iemand in een huis. Een schuilplaats gemaakt van kartonnen dozen kan instorten bij een aardbeving, maar zal dan niet veel meer schade toebrengen dan een buil op je hoofd. Een huis dat instort neemt vaak het leven van de bewoners ervan mee. Hoe groter ze zijn, hoe harder ze vallen.

In mei 2014 vond er in Tokio een grote aardbeving plaats. Het was een tijdje geleden dat zoiets voor het laatst was gebeurd. Ze had een kracht van vier op de Japanse aardbevingsschaal, die van nul tot zeven gaat. In het verleden sprong ik altijd in mijn futon en zette ik me schrap voor dingen die op me af zouden komen vliegen – mijn computer, de kleren die rondslingerden in mijn appartement en nog een heleboel andere dingen – maar toen deze aardbeving plaatsvond, had ik een heleboel van mijn bezittingen weggedaan, dus was er niet zoveel dat ik hoefde te doen. Het gevoel van veiligheid dat ik had was een beetje verwarrend.

Met minder bezittingen zijn er ook minder spullen die op me af kunnen komen vliegen. Toen de zware zeebeving van 2011 plaatsvond, had ik een enorme boekenkast in mijn halletje en vielen er een heleboel boeken op de vloer. Bij die beving was er niet veel schade in de omgeving van Tokio, maar stel dat die zware beving Tokio had geraakt? Dan zou mijn boekenkast zelf waarschijnlijk tegen de grond zijn gesmakt en had ik daardoor misschien niet uit mijn appartement kunnen komen. Mijn grote camera's hadden tegen mijn hoofd kunnen knallen. Ik had dood kunnen gaan door al die rondvliegende boeken en camera's; mijn lievelingsbezittingen.

Ik vind dat we ons moeten bedenken dat de tsunami die bij de zware zeebeving van 2011 het noorden van Japan teisterde ook familiealbums en allerlei belangrijke aandenkens wegspoelde. Door onze dierbare herinneringen digitaal op te slaan, niet alleen op onze harde schijf, maar ook met online databack-up via bijvoorbeeld Dropbox of Google Drive, zullen we die belangrijke momenten niet verliezen in het geval van een grote ramp.

Japan is natuurlijk niet uniek als het om natuurrampen gaat. Misschien woon je in een gebied waar vaak tornado's, orkanen of bosbranden voorkomen. In al die gevallen kunnen je spullen plotseling gevaarlijk worden.

Is het geen goed idee om het aantal spullen dat je bezit terug te dringen? Hoe minder je hebt, hoe minder er wordt verwoest in het geval van een ramp en hoe minder je hoeft te doen om je op een ramp voor te bereiden.

We hebben nog geen veertig seconden nodig om ervoor te zorgen dat we klaarstaan

Wat er ook gebeurt, ik kan altijd snel van de ene plek naar de andere gaan zolang ik daartoe lichamelijk in staat ben. Het kostte me minder dan een halfuur om naar mijn nieuwe appartement te verhuizen, en ik heb thuis niets belangrijks meer. Het zijn allemaal dingen die ik waar dan ook opnieuw kan kopen en er zijn geen souvenirs die ik zal missen wanneer ze verloren gaan.

In Hayao Miyazaki's film *Castle in the Sky* zegt de piraat Dola tegen Pazu dat hij ervoor moet zorgen dat hij binnen veertig seconden klaarstaat. In Steven Spielbergs *War of the Worlds* schreeuwt Tom Cruise tegen de kinderen ervoor te zorgen dat ze binnen zestig seconden klaarstaan zodat ze aan een aanval van buitenaardse wezens kunnen ontsnappen. Zoveel tijd heb ik niet nodig. Ik heb mijn waardevolle spullen en een minimaal setje extra kleren altijd in een draagbaar koffertje dat ik aan boord van een vliegtuig mee kan nemen. Ik kan binnen twintig seconden uit bed komen, mijn koffertje tevoorschijn halen, me klaarmaken en de deur uit zijn.

Met minder bezittingen zal er ook minder risico zijn op schade tijdens een natuurramp. In wat voor situatie dan ook zal er minder risico zijn, want je kunt je snel van de ene plek naar de andere verplaatsen, ongeacht wat er gebeurt. Dat gevoel van veiligheid kan ons energie geven en ons stressniveau nog verder omlaagbrengen.

Mijn relaties met andere mensen zijn inniger

De waarde van een mens moet te zien zijn aan wat hij geeft en niet aan wat hij kan krijgen.

ALBERT EINSTEIN

Zie mensen niet als objecten

Een van mijn favoriete boekenseries, die wordt uitgegeven door het Arbinger Institute, gaat over hoe je uit je eigen coconnetje kunt stappen. Kort gezegd legt het uit hoe persoonlijke relaties verstoord raken en hoe je ze weer op de rails kunt krijgen.

Er is één voorbeeld dat vaak wordt aangehaald. Laten we zeggen dat er een werkend echtpaar is dat het altijd druk heeft. De echtgenoot ziet een grote stapel schoon wasgoed en denkt erover om het op te bergen zodat zijn vrouw het niet hoeft te doen. Maar dan verandert hij van gedachten en besluit hij het niet te doen. Deze plotselinge afwijzing van zijn eigen gedachte wordt zelfverraad genoemd. Hij heeft het gevoel van welwillendheid verraden dat op dat moment bij hem opkwam.

Vervolgens begint de echtgenoot te denken dat hij het drukker heeft dan zijn vrouw. Dat hij vermoeider is dan zij. De was is niet zijn verantwoordelijkheid. En hij heeft het vaker gedaan dan zij. Dan richten zijn gedachten zich op zijn vrouw: ze is slordig, ze bedankt hem nooit voor het feit dat hij de was heeft gedaan en ze is geen goede echtgenote. Doordat hij zijn aanvankelijke welwillende gedachte heeft verraden, is hij zijn niet-handelen voor zichzelf gaan rechtvaardigen, wat vervolgens leidde tot hatelijke gedachten jegens de vrouw van wie hij houdt.

Intussen ziet de vrouw de schone kleren en ze besluit ze op te vouwen, maar niet voordat ze heeft opgemerkt en vervolgens klaagt dat haar echtgenoot er niets mee gedaan heeft... En zo blijft de cyclus voortduren. Beide partijen zullen hun eigen handelingen rechtvaardigen en de ander de schuld geven, wat zal leiden tot meer spanning in hun relatie.

Deze boekenserie is echt geweldig en ik raad hem sterk aan. Een van de conclusies ervan is dat we mensen niet moeten zien als objecten. Het is gemakkelijk om onze familie, onze collega's en onze buren als vaste objecten te zien. Onze dagelijkse gesprekken met hen kunnen tot gevolg hebben dat ze op ons overkomen als ingewikkelde robots of interactieve dingen. Als we hen eenmaal als dingen gaan zien, zullen we hen met minder welwillendheid gaan behandelen.

Wanneer dit gebeurt zullen onze persoonlijke relaties onveranderlijk worden, zonder ruimte voor verbetering. Intieme relaties zijn alleen mogelijk als we ieder persoon echt als mens zien, met dezelfde betekenisvolle verlangens, zorgen en angsten. Met meer tijd en minder stress hoeven we onze eigen opwellingen niet te verraden en kunnen we activiteiten ondernemen die ten gunste komen van anderen. Dan gaan we mensen zien als mensen in plaats van als objecten.

Minder bezittingen betekent minder ruzie

Denk nog eens terug aan die stapel wasgoed die de oorzaak werd van de wrijving tussen een getrouwd stel. Stel nou dat ze sowieso maar heel weinig kleren hadden? Stel nou dat het sowieso veel eenvoudiger was geweest om de was te doen?

Door mijn bezittingen weg te doen, ben ik het leuk gaan vinden om het huishouden te doen, van wassen tot de keuken schoonmaken. Ik! De koning der luiheid! Het komt gewoon doordat al die taken veel gemakkelijker zijn geworden.

Ik ben vijfendertig en alleenstaand, maar ik weet dat ik het leuk zal blijven vinden om het huishouden te doen zolang ik in een klein huis blijf wonen en weinig bezittingen heb. In mijn stoutste dromen kan ik zelfs mijn toekomstige echtgenote dingen zien afnemen met een doekje en denken: *Hé, dat is niet eerlijk! Heb je haar weer, is ze weer het huis aan het oppoetsen. Dat wilde ik doen!*

De minimalisten die ik heb geïnterviewd hebben me verteld dat het wegdoen van hun bezittingen als gevolg had dat ze thuis minder vaak ruzie hadden. Ofumi, een van de mensen die ik aan het begin van dit boek heb genoemd, bevestigde dat zij en haar echtgenoot veel beter met elkaar overweg kunnen sinds ze vaarwel zeiden tegen al hun overbodige spullen. Ook Yamasan vertelde een interessant verhaal: toen haar twee kinderen ieder een eigen kamer hadden, maakten ze vaak ruzie over welke kamer ze wilden hebben, maar dat hield op toen ze te horen kregen dat ze een kamer zouden gaan delen. Ze zei dat haar kinderen liever de gedeelde kamer hadden en haar bedankten.

Hoe meer materiële bezittingen je hebt, hoe meer energie je nodig hebt om je dagelijkse huishoudelijke klusjes uit te voeren. Je raakt gestrest, vervolgens gefrustreerd en waarschijnlijk zul je de schuld geven aan degenen die niet meteen klaarstaan om je te helpen. Je zult hen zien als robots die net zoveel werk zouden moeten doen als jij. Doe je spullen zo veel mogelijk weg, dan zullen je relaties hechter worden. Je hebt minder spullen die een bron van wrijving en frustratie kunnen zijn.

De voordelen van een klein huis

Bedenk eens wat de voordelen van een klein huis zijn. Ten eerste wordt er gezegd dat kleinere huizen misdaden kunnen helpen voorkomen. Huizen waar mensen naar hun eigen kamer kunnen gaan zonder familieleden of huisgenoten te zien, of enorme huizen waar de bewoners geen idee hebben wat er gaande is in andere vleugels of op andere verdiepingen, kunnen gevaarlijk zijn.

Er zijn ook voordelen voor het dagelijks leven. Hoewel er een sterke traditie bestaat om kinderen hun eigen kamer te geven, geloof ik dat kinderen die thuis in de woonkamer studeren minder geneigd zijn andere mensen als ergerlijke afleidingen te zien wanneer ze groot zijn.

Numahata, met wie ik een website beheer, zegt dat hij soms ruzie heeft met zijn vrouw. Hij zegt dat er maar één regel is die ze nooit overtreden: ze keren elkaar nooit de rug toe om naar hun eigen kamer te vluchten. Als je in een klein huis woont, is het vaak gewoon niet mogelijk om naar je kamer te vluchten. Je hebt geen andere keuze dan het probleem onder ogen te zien en elkaar te proberen te begrijpen om een oplossing te vinden.

Een klein huis lijkt misschien geen voordelen te hebben, maar in feite verschaft het positieve effecten voor je persoonlijke relaties, en daarbij is het ook nog eens goedkoper. Door afscheid te nemen van je materiële bezittingen stel je je open voor de mogelijkheid van een klein huis en alle voordelen daarvan.

Mijn 'familie+tv'-theorie

Wanneer je bijeenkomt met familieleden die je een tijd niet hebt gezien, kan het soms moeilijk zijn om onderwerpen voor een gesprek te bedenken. Hier kan een tv best handig zijn. Je zet de tv aan en vindt al snel iets om over te praten. Ik noem dit mijn 'familie+tv'-theorie.

Helaas kan ik deze theorie niet gebruiken in mijn appartement. Ik heb geen tv; het enige wat ik heb zijn een slaapkamer en een woonkamer. Er is niets bijzonders aan de indeling en ik heb vrijwel niets in mijn kamers staan. Dat kan sommige gasten een beetje een ongemakkelijk gevoel geven wanneer ze voor het eerst in mijn huis komen. Ze kunnen niet rondkijken en een opmerking maken over de interessante indeling of me vragen waar ik mijn bank heb gekocht. Ik kan niet de tv aanzetten om terug te vallen op de familie+tv-strategie en ik heb geen spelletjes die we met elkaar kunnen doen. Het enige wat ik kan doen is thee serveren en kletsen.

Maar thee serveren is heel geschikt voor familiebezoek; de essentie van thee is dat de persoon die het drinkt en de persoon die het serveert aan elkaar denken. Mijn woonkamer is in wezen een theekamer. Net als in de theekamers die voor Japanse theeceremonies worden gebruikt, is het enige wat we kunnen doen in mijn kamer elkaar aankijken, zelfs al komt het gesprek maar moeizaam op gang. Niemand wordt boos als er geen tv of radio in een theeceremoniekamer is. Je kunt er alleen maar je thee drinken en praten over de gedachten die door je hoofd gaan.

Het geheim van een gelukkig huwelijk

Ik raak het besef van de tijd kwijt wanneer ik het huis van een minimalist bezoek en klets op een plek die vrij is van rommel. We focussen op elkaar en praten zonder afgeleid te worden door wat dan ook. Dat is het tegenovergestelde van een tafereel dat ik vaak zie: twee mensen zitten aan een tafel terwijl een van hen of allebei met hun smartphone in de weer is. Ik weet niet of ze een spelletje aan het spelen zijn of vinden dat vrienden op sociale media belangrijker zijn dan de mensen met wie ze zijn, maar ik geloof dat relaties beter zullen worden als mensen zich meer concentreren op echte mensen.

Ik heb weleens horen zeggen dat het geheim van een gelukkig huwelijk is dat je gewoon vaak met je partner praat. Eén onderzoek toonde aan dat gelukkig getrouwde stellen vijf uur per week meer met elkaar praatten dan stellen die niet gelukkig waren. Als mensen het druk hebben met het zorgen voor hun bezittingen, er ruzie over maken, tijd doorbrengen in afzonderlijke kamers of veel tv-kijken, zullen ze uiteraard minder tijd hebben voor gesprekken.

Mensen zijn gewoon mensen

Ik geloof dat de manier waarop ik over mezelf denk behoorlijk is veranderd sinds ik afscheid heb genomen van mijn bezittingen. Ik ben een doodgewone man die maar weinig bezit en die rondloopt in doodnormale kleren. Ik ben een beetje zoals een eend of een schildpad, die rondzwemt in een vijver en gewoon zijn leven leeft.

Door mezelf te zien als gewoon zomaar een mens is mijn perspectief ten opzichte van anderen veranderd. De jaloezie die ik voelde als ik iemand zag die een heleboel geld, spullen of talent had, en de minachting die ik voelde voor mensen die maar heel weinig hadden... Al die gevoelens zijn verdwenen.

Ik kan nu mensen ontmoeten die een heleboel bezitten of gezegend zijn met enorm veel talent zonder dat ik me voor mezelf schaam. Ik verwijt mensen die weinig hebben niet meer dat ze niet genoeg hun best doen. Niemand is beter omdat hij of zij wel of niet veel bezit. Rijk of arm, beroemd of doorsnee, we zijn allemaal gewoon mensen die met elkaar in contact komen. Mijn relaties met andere mensen zijn veel oprechter geworden sinds ik er op deze manier over denk.

Ik kan nu iemand gewoon als een ander mens zien, zonder hem of haar in te delen op grond van wat hij of zij heeft. Als gevolg daarvan schaam ik me nooit meer voor mezelf wanneer ik iemand ontmoet.

Stel dat je honderd vrienden hebt

Ik hoorde laatst iets interessants van iemand die me vaak helpt met mijn werk. Hij is een geweldige man met een vriendelijke, zachtaardige glimlach en een aantrekkelijke persoonlijkheid. Hij vertelde dat er, wanneer hij een verjaarsfeestje geeft, honderd vrienden op komen dagen. Iedereen neemt een fles wijn mee, zijn favoriete drank.

Ik heb niet veel vrienden en ik was echt jaloers toen ik dit hoorde. Als je zoveel vrienden hebt die van je houden en graag je verjaardag met je willen vieren, zul je je waarschijnlijk nooit heel eenzaam voelen en weet je dat er altijd een heleboel mensen zijn op wie je kunt terugvallen als je ooit problemen hebt.

Maar aan de andere kant vertelde de man ook dat hij ongeveer elke drie dagen naar iemand anders' verjaardag gaat. Als je honderd vrienden hebt, willen zij blijkbaar ook dat je hun verjaardag met hen viert. En dat betekent inderdaad dat je om de drie dagen een of ander feestje hebt.

Stel dat je maar een paar echte vrienden hebt

Er bestaat een gezegde dat we eigenlijk maar drie echte vrienden nodig hebben. Het is waar dat als je ieder van je drie naaste vrienden één keer per maand een weekend zag, elke maand heel bevredigend zou zijn. Zulke minimale persoonlijke relaties kunnen fantastisch zijn. We zijn geneigd te denken dat het beter is om een heleboel vrienden en kennissen te hebben, maar als je zoveel vrienden hebt dat je niet iedereen aandacht kunt geven, wat heeft het dan überhaupt voor zin om een band met iemand op te bouwen?

Waarom zou je niet proberen je oppervlakkige relaties te beperken tot het minimum zodat je je vrienden de aandacht en het respect kunt geven die ze verdienen? Net zoals materiële voorwerpen die echt noodzakelijk voor ons zijn altijd een manier zullen vinden om bij ons terug te komen, zal een diepe, innige vriendschap altijd gerepareerd moeten kunnen worden.

Dat gezegd hebbende: we moeten ons ook weer niet te veel laten meeslepen bij het tot een minimum beperken van onze relaties. In de film *Into the Wild* laat de hoofdpersoon Chris McCandless ons woorden na waarvan ik vind dat ze het waard zijn om na te leven: 'Geluk [is] alleen wezenlijk wanneer het gedeeld wordt.'

Het eiland waar de mensen het langst leven

Zoals McCandless ons heeft geleerd, is het in het leven belangrijk om relaties te hebben met mensen met wie je je geluk kunt delen. Het is bekend dat gelukkige mensen langer leven. Psycholoog Ed Diener heeft via zijn onderzoek aangetoond dat mensen met een sterk geluksgevoel gemiddeld 9,4 jaar langer leven.

Op Sardinië, een prachtig Italiaans eiland, leven mensen het langst van de hele wereld. Ze leven tweeënhalf keer zo lang als het wereldgemiddelde, terwijl een op de vierduizend inwoners ouder wordt dan honderd. Er is een dorpje op Sardinië waar de oudste groep broers en zussen, erkend door het *Guinness Book of Records*, woont. Het is een dorpje waar de meeste inwoners op de een of andere manier aan elkaar verwant zijn en elkaar kennen, waar persoonlijke relaties soepel verlopen en waar het dagelijkse leven aangenaam is. Gezins- en familieleden wonen zo dichtbij dat ze elkaar kunnen opzoeken wanneer ze maar willen en natuurlijk kunnen ze ook vertrouwen op hulp van hun mededorpsbewoners. Het is een gemeenschap die vol is van liefde, wat een lang leven ondersteunt. De dorpjes op Okinawa, in Japan, die ook bekendstaan om het feit dat de mensen er zo lang leven, hebben eveneens een cultuur waarbij iedereen die ze tegenkomen als een broer of een zus wordt beschouwd. Oudere mensen houden een oogje op de kinderen in de buurt en de mensen onderhouden relaties gebaseerd op vertrouwen en koesteren het gemeenschapsgevoel.

Hoe gelukkiger mensen zijn, des te langer zullen ze leven. Als je kijkt naar de mensen die een lang leven hebben gehad, zullen er nauwelijks uitzonderingen zijn op het feit dat er onderling fijne relaties zijn gekweekt. Je hoeft geen honderd vrienden te hebben. Er zijn mensen die geen familie hebben. Maar talloze onderzoeksresultaten wijzen erop dat banden met buren en dierbare vrienden onontbeerlijk zijn voor geluk.

Spiegelneuronen en ingebouwde vriendelijkheid

Mahatma Gandhi, die mensen leerde hoe je zonder bezittingen kon leven, heeft gezegd: 'Dienstbaarheid die zonder vreugde wordt verricht is voor noch de bediende, noch voor degene die bediend wordt van nut. Maar alle andere geneugten en bezittingen vallen in het niet bij dienstbaarheid die wordt verricht in een geest van vreugde.'

Zelfs als we anderen niet kunnen dienen zoals Gandhi in de loop van zijn leven deed, dan blijft het toch een feit dat we een gevoel van vreugde ervaren wanneer we iets voor andere mensen doen. We doen iets voor andere mensen en ze zien er blij uit. We zien hen glimlachen en dat bezorgt ons een glimlach. Dan vergeten we de moeite die we er misschien voor hebben moeten doen. Waarom gebeurt dit?

De wetenschap begint aanwijzingen te vinden dat iets voor een ander doen daadwerkelijk kan leiden tot een gevoel van geluk. De ontdekking van spiegelneuronen is een goed voorbeeld. Voel je niet zelf pijn wanneer je ziet dat iemand zich pijn doet? Wanneer je iemand ziet vallen? Wetenschappers hebben de hypothese opgesteld dat het spiegelneuronen zijn die ervoor zorgen dat we het gevoel hebben dat we iets ervaren door alleen te kijken naar de handelingen van een ander.

Dit zou weleens de reden kunnen zijn waarom we helemaal verdiept kunnen raken in een roman, een stripboek, een televisieserie of een film. We zijn verdrietig als een hoofdpersoon iets droevigs meemaakt en we zijn blij als we een happy end zien. We kunnen met een ander meeleven als gevolg van deze functie.

Er zijn ook andere systemen waardoor we empathie met anderen kunnen ervaren. Stel dat je een scène ziet in een filmpje waar een groot aantal mensen verwoed probeert één kind te redden dat tijdens een overstroming in de rivier is terechtgekomen. Alleen door die scène te zien, raak je vervuld van emotie en misschien laat je wel een traan. Dit hoeft niet per se te betekenen dat je een buitengewoon meelevend iemand bent.

Gewoon het feit dat je mensen elkaar ziet helpen wekt de aanmaak van endorfine – een neurotransmitter die ons een gevoel van geluk geeft – op in onze hersenen. En het komt niet alleen door kijken. We kunnen ook gelukkig worden door zelf actie te ondernemen. We hebben bijvoorbeeld allemaal weleens dat warme gevoel meegemaakt wanneer je in de trein je zitplaats aanbiedt aan een ouder iemand of aan een zwangere vrouw, of wanneer je ziet dat iemand iets laat vallen en je het aan hem of haar teruggeeft. Dat gevoel komt van de endorfine die in ons lichaam vrijkomt.

Eigenlijk zijn we in wezen uitgerust met het vermogen mee te leven met anderen omdat we ons gelukkig voelen wanneer we aardig zijn tegen iemand. Omdat we sociale dieren zijn die in groepen leven, zijn we geprogrammeerd om te delen in geluk wanneer we iets voor een ander doen.

Wanneer je het aantal spullen dat je bezit vermindert, kun je meer tijd en energie wijden aan je persoonlijke relaties.

Dan hoef je niet meer afhankelijk te zijn van je bezittingen voor je geluk, omdat je al bent uitgerust met systemen die je gelukkig maken door contact te maken met de mensen om je heen.

Ik kan genieten van het heden.

Het onderscheid tussen het verleden, het heden en de toekomst is alleen maar een hardnekkige illusie.

ALBERT EINSTEIN

Ik denk niet na over de toekomst

Ik heb vaarwel gezegd tegen een heleboel dingen. Elke keer dat ik afscheid neem van mijn bezittingen vraag ik me steeds af of ik ze nú nodig heb, niet ooit een keer in de toekomst. Terwijl ik mezelf vragen blijf stellen over het heden en het concept van 'ooit' helemaal uitvlak, gebeurt er iets vreemds. Om de een of andere reden kan ik niet meer over de toekomst nadenken. Het is net alsof er gordijnen zijn dichtgetrokken die al die zorgen over de toekomst aan het oog hebben onttrokken. Zelfs wanneer ik erover probeer na te denken lukt het me niet. En het enige wat ik heb gedaan, is mijn bezittingen wegdoen.

Borden proberen af te wassen die nog niet vies zijn

Alles was volkomen anders voordat ik mijn spullen wegdeed. Ik was altijd aan het nadenken over de onzekerheden die de toekomst voor me in petto had. Ik had ervoor gekozen om in de uitgeverswereld te werken, een bedrijfstak waarin het slecht ging. Ik was geen bijzonder goede redacteur, en de kans dat ik mijn baan zou houden was niet al te groot. Een zware tegenvaller voor het bedrijf zou waarschijnlijk onmiddellijk het verlies van mijn baan betekenen en een carrièreswitch zou moeilijk worden op vijfendertigjarige leeftijd. Ik was niet getrouwd, ik had geen kinderen en ik had vrijwel geen bijzonder hechte vrienden. Het enige wat me in de toekomst te wachten stond was een eenzame dood. Ik wist dat ik negatief dacht, maar ik was nu eenmaal altijd bang voor wat er in het verschiet lag.

Mijn lievelingscitaat uit *Leef gelukkig zonder zorgen* van Dale Carnegie somt precies op wat er mis was met me: 'Ik probeerde niet alleen de borden van vandaag af te wassen, maar ook die van gisteren en zelfs die welke nog niet eens vuil waren gemaakt.' De borden die vandaag afgewassen moeten worden, zijn de borden die gebruikt zijn in de loop van één dag. Je zou van wanhoop instorten als je begon na te denken over de afwas van morgen, overmorgen en elke dag daarna gedurende een jaar. Je zou niet eens in staat zijn om de vaat te doen die vandaag gedaan moest worden. Toekomstige werkloosheid, huwelijk, kinderen krijgen, oud en ziek worden en alleen sterven... Dat waren de borden in mijn toekomst die nog niet eens vuil waren.

Ik leerde een heleboel door afscheid te nemen van mijn bezittingen. Ik realiseerde me dat als ik iets had wat ik misschien ooit in de toekomst zou gebruiken, ik het weg kon doen en het later kon kopen wanneer dat moment kwam (als het al ooit kwam). Als ik, nadat ik iets had weggedaan, erachter kwam dat ik iets toch nodig had, kon ik het gewoon op dat moment kopen.

Het is waar dat ik mijn baan zou kunnen kwijtraken en het is ook waar dat ik alleen zou kunnen sterven. Ik ben erachter gekomen dat ik me daar allemaal zorgen over kan maken wanneer het gebeurt, als het al gebeurt.

Vaarwel oude spullen, vaarwel oude versie van mij

Op vergelijkbare wijze heb ik niets meer wat ik vroeger nodig had. Door me af te vragen of ik iets nú nodig heb, heb ik de spullen weg kunnen doen die belangrijk waren voor de oude versie van mij. Ik heb geen spullen meer waarvan ik vroeger dacht dat ze deel van mij uitmaakten. Tegenwoordig ben ik gewoon een mens die geen bezittingen meer heeft die verbonden zijn met mijn identiteit.

Vroeger was ik een sombere, in mezelf teruggetrokken persoon, maar nu heb ik niets meer over wat bewijst hoe introvert ik was. Wat overbleef nadat ik afscheid had genomen van al die spullen was het heden. Doordat ik afscheid nam van mijn bezittingen zat ik niet meer vast aan die oude versie van mezelf.

Ik heb alles weggegooid waarvan ik dacht dat ik het 'ooit' in de toekomst nodig zou kunnen hebben, plus alle dingen waarvan ik vroeger dacht dat ik ze nodig had. Wat overbleef was wat er echt toe doet: het heden.

Je kunt alleen het heden ervaren

Wij zijn de enige dieren die het vermogen hebben om de toekomst te voorspellen. Maar zoals we al hebben besproken in hoofdstuk 2 is dat vermogen primitief en alleen geschikt om de onmiddellijke toekomst te voorspellen. We kunnen besluiten of we in de komende vijf seconden zullen vluchten voor een vijand of welke richting we op moeten gaan om onze prooi te grijpen. We kunnen ons voorstellen hoe we ons voelen meteen nadat we een iPhone hebben gekocht. Maar er is geen mens op aarde die nauwkeurig kan voorspellen hoe hij of zij zich zal voelen wanneer hij of zij over een jaar naar die iPhone kijkt.

Zelfs als we onze toekomst wel zouden kunnen voorspellen, bedenk dan dit: niemand kan die toekomst daadwerkelijk ervaren. Misschien kunnen we proberen om het ons duidelijk voor te stellen, maar we zullen het nooit net zo ervaren als we het heden ervaren.

En ook niemand kan net zo levendig een gebeurtenis in het verleden ervaren als wat hij of zij nu voelt. Het enige wat we ons kunnen herinneren zijn verfraaide hoogtepunten uit ons geheugen. Als er mensen zijn die hun verleden via alle vijf de zintuigen net zo kunnen ervaren als het heden, zullen zij waarschijnlijk geneigd zijn weg te zinken in het verleden om voor altijd hun favoriete herinneringen opnieuw te beleven.

Een persoon die altijd blijft zuchten

Mensen die geloven dat ze het vermogen hebben de toekomst te ervaren, zullen weinig aandacht schenken aan het heden. Ze dragen fronsend hun lot, allemaal met het oog op hun glorieuze toekomst. Maar alleen in het heden kunnen ze iets ervaren en dat betekent dat die nors kijkende zielen die vandaag zo fronsen waarschijnlijk eeuwig knorrig zullen blijven, wat ze ook doen.

Of zoals ik vaak zeg: als je vandaag zucht, zul je waarschijnlijk altijd blijven zuchten. Als je echt iets wilt veranderen, moet je nu meteen beginnen met veranderen. Er bestaat eigenlijk geen morgen en ook geen volgende week om naar uit te kijken. Als morgen er eenmaal is, is het vandaag. Over een jaar zal het vandaag zijn wanneer het zover is. Alles is nú.

Door afscheid te nemen van de spullen die ik had bewaard voor mijn verleden en mijn toekomst, merk ik dat ik nu alleen nog aan het heden kan denken. Ik zal niet bang zijn voor alles wat me eventueel in de toekomst te wachten staat. Zonder al mijn oude bezittingen heb ik de vrijheid en de mobiliteit om het leven aan te kunnen, wat de toekomst ook brengt. Is het niet grappig dat we zeggen: 'Wat de toekomst ook zal brengen'? Zelfs dat kleine zinnetje laat al zien dat we echt geloven dat de toekomst ons daadwerkelijk iets zal brengen in het heden.

Ik zal mezelf niet met anderen vergelijken en ik zal ook geen voorbereidingen treffen voor de een of andere verre toekomst. Rijk of arm, droevig of blij, ik zal het tegen die tijd wel onder ogen zien. Het enige wat ik hoef te doen is het nú te beleven.

Ik voel oprechte dankbaarheid

Er zijn maar twee manieren om je leven te leiden.
Eén ervan is te doen alsof niets een wonder is.
De andere is te doen alsof alles een wonder is.

toegeschreven aan ALBERT EINSTEIN

De dankbaarheid die het gevolg is van het hebben van weinig bezittingen

Een tijdje geleden, ergens halverwege mijn proces van minimaliseren, had ik al een heleboel dingen weggedaan en was mijn appartement behoorlijk ruim geworden. Liggend in bed ervoer ik een vreemd nieuw gevoel: om de een of andere reden was ik vervuld van dankbaarheid voor alle dingen die ik nog had.

Het was een gevoel dat ik nooit had gehad toen ik altijd meer kocht. In die tijd was ik altijd zo sterk gericht geweest op alles wat ik níét had dat het nooit in me opkwam om dankbaar te zijn voor wat ik wél had. Ik had een bed, een bureau en zelfs een airco. Ik kon lekker slapen, douchen, mijn maaltijden bereiden en genieten van mijn favoriete bezigheden. Het was een appartement waar ik me met een gerust hart kon ontspannen.

Maar al die spullen blokkeerden in feite mijn dankbaarheid. Wanneer zou ik ooit tijd hebben om mijn tv, mijn spelletjes, mijn oude blu-rayspeler, mijn geluidsinstallatie, al mijn afstandsbedieningen en al het andere te bedanken? Dankbaarheid wordt pas mogelijk als je niet veel bezittingen hebt. Ik ben zelfs dankbaar geworden dat ik een dak boven mijn hoofd heb dat me beschermt tegen de wind en de regen.

Alleen dankbaarheid kan op tegen verveling

Alleen dankbaarheid kan de cyclus van gewenning die tot verveling leidt – waar ik over schreef in hoofdstuk 2 – voorkomen. Dankbaarheid stelt ons in staat ons dagelijks leven in een nieuw licht te zien: we beschouwen dingen niet meer als vanzelfsprekend als we ons bewust worden van onze waardering ervoor. Door middel van dankbaarheid kunnen we een duurzame prikkel opwekken die ons meer rust geeft dan de prikkel die we krijgen door iets nieuws te kopen of onze verzameling spullen uit te breiden.

We kunnen alles om ons heen verzamelen, maar zonder dankbaarheid zullen we alleen maar verveeld raken door alles wat we hebben verkregen. Aan de andere kant kunnen we echte tevredenheid bereiken met weinig bezittingen, zolang we ons maar dankbaar tonen dat we ze hebben.

De chant van de *Vijf Overdenkingen*

Er bestaat een boeddhistische chant die wordt gezongen voor de maaltijd die *Gokan no Ge* wordt genoemd, oftewel: de Vijf Overdenkingen.

1. Sta stil bij hoe het eten tot je is gekomen; hoe het voedsel is verbouwd, hoe het is bereid en hoe het naar je toe is gebracht als je maaltijd.
2. Sta stil bij je eigen verdiensten en je gedrag. Ben je de maaltijd waardig?
3. Concentreer je alleen op het eten voor je, zonder het gehaast op te eten en zonder aan andere dingen te denken.
4. Eet niet vanuit het perspectief van een fijnproever, waarbij je alleen maar beoordeelt of het lekker is, maar gewoon omdat het je in leven houdt.
5. Eet zodat je de doelstellingen kunt nastreven die je zou willen bereiken.

Het is een krachtige chant. Het opzeggen van de chant voor duizend maaltijden geeft je een rijker, bevredigender gevoel dan duizend keer een maaltijd van 500 euro in een restaurant eten.

Van Steve Jobs wordt gezegd dat hij elke ochtend in de spiegel keek en zich afvroeg of hij alles wat op zijn agenda stond zou willen afwerken als het de laatste dag van zijn leven was. Hij deed dit drieëndertig jaar lang, zodat hij in de gaten kon houden of hij niet van het spoor afraakte. De Vijf Overdenkingen vormen een andere manier om elke dag ons gedrag in de gaten te houden.

Ik ben geen fijnproever meer. Begrijp me alsjeblieft niet verkeerd, ik hou nog steeds van lekker eten en ik waardeer goede ingrediënten. Maar ik besteed minder tijd aan op internet naar geweldige restaurants zoeken. Ik maak me er niet meer druk over of mensen me beschouwen als een kenner van goed eten. Zolang ik eraan denk om dankbaar te zijn voor mijn eten, kan ik me concentreren op wat me wordt voorgezet en dat waarderen.

Dankbaarheid is geen methode

Het gevoel van dankbaarheid is krachtig. Ik heb waarschijnlijk les gehad over het belang van dankbaarheid tijdens de lessen in ethiek op school, maar dat is me volledig ontschoten. Het is net alsof ik een enorme omweg heb gemaakt voordat ik besefte hoe belangrijk zo'n gewoon, eenvoudig woord is.

Ik besloot er een gewoonte van te maken om dankbaarheid te voelen. Ik zei tegen mezelf dat ik moest proberen eraan te denken om overal dankbaar voor te zijn. Ik dacht dat ik van dankbaarheid een methode kon maken.

Met dat idee in mijn hoofd was ik verbijsterd toen ik een boek las van Mitsuro Sato dat *Kamisama tono Oshaberi* (Gesprek met God) heette en waarin werd uitgelegd dat je echte dankbaarheid alleen voelt als je gelukkig bent.

Laten we ons een situatie proberen voor te stellen waar we 'Ik ben zo gelukkig!' zouden willen schreeuwen. Lekker liggen weken in een ruime badkuip in de openlucht bij een goed hotel, terwijl er een geweldige maaltijd op ons wacht? Ik denk dat dat wel het soort situatie is waarin we ons absoluut gelukkig voelen.

Het is gemakkelijk om te focussen op je gevoelens van dankbaarheid als je in een geweldig hotel bent met een prachtig bad, fantastisch eten en een schitterende omgeving. Ik zou het in zo'n soort situatie waarschijnlijk niet kunnen laten in mezelf te mompelen dat ik gelukkig was en er zou zeker een gevoel van dankbaarheid aanwezig zijn.

Toen besefte ik dat dankbaarheid geen methode is. Het maakt deel uit van geluk. Het is zelf geluk. Psychologisch onderzoek heeft aangetoond dat hoe vaker mensen de gelegenheid hebben om dankbaar te zijn, des te gelukkiger ze zijn. Dat is helemaal niet zo verrassend als je bedenkt dat dankbaarheid geluk is.

Nu meteen dankbaarheid voelen

Zoals we in de vorige paragraaf hebben besproken, kunnen we alleen het heden ervaren. Je kunt het verleden niet levendig herbeleven en je kunt jezelf niet de toekomst in werpen. We kunnen alleen maar voelen wat er nú gebeurt en alles gebeurt in het heden. Stel dat we dit combineren met een positief perspectief dat gevuld is met dankbaarheid?

Laten we het gewoon proberen. Laten we proberen dankbaarheid te tonen voor het heden.

Het is middernacht. Ik zit in een restaurant dat onderdeel is van een keten. Het is eenzaam, want ik ben de enige klant. Maar wacht eens, het restaurant blijft speciaal voor mij tot laat open. Ik heb mijn normale kleren aan, maar ze zitten heerlijk, hoe vaak ik ze ook draag. De ober was kortaf tegen me, maar hij heeft me mijn eten snel gebracht en me zelfs smakelijk eten gewenst. Het bankje waar ik op zit is saai, maar ik ben dankbaar dat ik hier urenlang kan zitten zonder dat ik ergens pijn krijg. De drankdispenser is dezelfde als altijd, maar ik kan net zoveel koppen koffie nemen als ik wil en de kopjes en glazen zijn altijd schoon. Ik stap het restaurant uit en ben een beetje jaloers op alle stelletjes die ik voorbijloop, maar ik heb een heleboel geweldige herinneringen.

Of misschien zit ik in het spitsuur. Het is mijn gebruikelijke route naar mijn werk en ik begin er aardig genoeg van te krijgen. Ik moet wachten op iemand die problemen heeft met zijn ov-pas. Hij heeft waarschijnlijk vergeten zijn saldo op te laden, maar die passen zijn eigenlijk wel geweldig. Het is een geweldige uitvinding, zo handig, en we kunnen ze in Japan zelfs gebruiken om dingen te kopen in een kiosk. Twee mensen staan aan de ene kant van de roltrap met elkaar te praten, terwijl ik probeer langs hen te komen, maar ik ben blij te zien dat ze de andere kant open hebben gelaten zodat anderen erlangs kunnen als ze haast hebben. Zoals gewoonlijk is de trein propvol, maar wacht eens, ik ben dankbaar dat er zoveel mensen om me heen zijn. Ik ben blij dat ik niet de enige overlevende ben op een verdoemde planeet zoals je soms in apocalyptische films ziet. Wat is het warm vandaag, maar als ik eenmaal op mijn kantoor ben, zullen de airco's en de ventilator op volle kracht werken. Het gebruikelijke werk ligt op me te wachten, maar het is leuk en bevredigend als ik me erop concentreer. Die ene persoon op wie ik niet zo dol ben, zal wel weer bellen met een klacht, maar ach, dat is gewoon een kans om mijn ervaring en expertise uit te breiden. Die andere persoon is waarschijnlijk ook moe. Ik wilde maar dat mijn ondergeschikten wat zelfstandiger zouden kunnen werken, maar ze staan altijd klaar om me te helpen, zonder te klagen. Ik heb tot laat doorgewerkt en ik ben doodmoe, maar ik ben niet ziek. Ik ben gezond en ik kan nog veel meer doen.

Wauw. Het is verbazingwekkend hoeveel alledaags geluk ik kan voelen als ik dit doe. Hoe zit dat met jou? Als we ons richten op dankbaarheid, worden we positiever, toleranter en vrijgeviger. Bovenal stellen we ons open voor alledaags geluk en die openheid zal uiteindelijk de werkelijkheid veranderen.

5

Je gelukkig 'voelen' in plaats van gelukkig 'worden'

Vergeet het idee van wat geluk zou móéten zijn

De samenleving heeft een paar 'standaardvoorbeelden van geluk' omarmd die ons vertellen hoe we ons leven moeten leiden: zoek een vaste baan, ga trouwen, sticht een gezin en krijg twee of drie kinderen. Geniet van je kleinkinderen. Dit is het algemeen geaccepteerde concept van een gelukkig leven en de meesten van ons zijn ervan overtuigd (op een bepaald punt in ons leven) dat we gelukkig zullen zijn als we die dingen bereiken.

Positieve psychologie, een tak van de psychologie die gericht is op onderzoek naar tevredenheid en vervulling, onthult een volkomen ander model voor geluk. Psychologe Sonja Lyubomirsky zegt dat 50 procent van ons geluk genetisch bepaald is, 10 procent wordt bepaald door leefomstandigheden en -situaties, en de overige 40 procent door onze dagelijkse bezigheden. 'Leefomstandigheden en leefsituaties' omvatten allerlei factoren, zoals: waar we wonen, of we rijk zijn of arm, gezond of ziek, getrouwd of gescheiden, enzovoort.

Dit is verrassend. Ik zou zeggen dat veel mensen denken dat geluk eerder voor 90 procent afhankelijk is van leefomstandigheden en leefsituaties en misschien voor 10 procent van genetica. Misschien geloven ze dat iedereen die vandaag de loterij wint nog lang en gelukkig zal leven. Of misschien hebben net zoveel mensen het idee dat 90 procent van geluk genetisch bepaald is en 10 procent door de omstandigheden wordt beheerst. In dat geval zou je, als je ongelooflijk knap was, heel gemakkelijk gelukkig moeten kunnen worden.

Ons genetisch profiel bepaalt voor 50 procent ons geluk

Uit onderzoeken die werden uitgevoerd met eeneiige tweelingen die gescheiden van elkaar opgroeiden, lijken we te kunnen concluderen dat mensen unieke standaarden van geluk hebben die het concept staven dat 50 procent van ons geluk genetisch bepaald is. Dat betekent niet dat ons uiterlijk, onze intelligentie of onze coördinatie ons geluk bepaalt, maar dat we, net als ons natuurlijke lichaamsgewicht, allemaal een bepaald niveau hebben waarop ons geluk zich vastzet, ongeacht wat voor fantastische of tragische gebeurtenissen ons overkomen.

50 procent van ons geluk is gebaseerd op dit natuurlijke niveau. Vanaf een heel jonge leeftijd ontwikkelt iedereen een verschillende persoonlijkheid. Sommige kinderen glimlachen bijvoorbeeld al vanaf het begin van hun leven heel snel. Zo zijn ze gewoon geboren; ze proberen het niet te forceren om gelukkig te worden. Dat zijn de mensen die zich ook als volwassene altijd positief voelen, ongeacht wat er op hun pad komt. Ze maken de stemming om hen heen altijd vrolijker. Er is geen twijfel dat dat soort mensen echt bestaat. Maar we zijn niet verloren als we niet een van die mensen zijn. Onthoud dat genen maar voor 50 procent ons geluk bepalen.

Onze omgeving bepaalt maar voor 10 procent ons geluk

Van onze omgeving wordt gezegd dat ze voor 10 procent ons geluk bepaalt. Het is inderdaad waar dat ons gevoel van geluk dramatisch toeneemt als we zorgen voor een minimaal veiligheidsniveau, aan eten kunnen komen en een slaapplek hebben. In zoverre kan geluk worden gekocht. Maar elke volgende verbetering in onze omgeving heeft weinig impact op ons geluk. Is het niet vreemd om te denken dat al die standaardlevensdoelen – onze baan, ons inkomen, ons huis, onze burgerlijke staat, of we wel of geen kinderen hebben – maar 10 procent uitmaken van het geluk dat we ervaren?

Dat komt doordat we gewend raken aan dingen. Het maakt niet uit hoe veel of hoe weinig geld we hebben, of we in een landhuis wonen of op een tropisch eiland of in een hutje met één kamer op de ijskoude toendra, onze omgeving heeft maar 10 procent invloed op onze tevredenheid.

Allerlei onderzoeken hebben dit fenomeen bevestigd. Als er voor het eerst een belangrijke gebeurtenis optreedt, wordt die waargenomen als een afwijking, een stimulus. We zullen in de wolken zijn als we de loterij winnen. We worden misschien depressief als we ernstig ziek zijn of een dierbare verliezen. Maar de meesten van ons accepteren algauw onze nieuwe omstandigheden en passen zich verrassend snel aan.

Studeer af aan een goede school, ga werken bij een goed bedrijf, ga trouwen, krijg kinderen, koop een huis, spaar voor je pensioen en geniet van je kleinkinderen. Dat is het toonbeeld van geluk. Maar hoeveel we ook van dit toonbeeld bereiken, uiteindelijk zullen we aan elke nieuwe stap op de ladder gewend raken.

Onze handelingen bepalen 40 procent van ons geluk

Dan komt de overige 40 procent waar we gelukkig van worden, de 40 procent die we kunnen beïnvloeden door onze handelingen. Ik heb tot nu toe al veel onderzoeksresultaten over geluk genoemd. Wist je dat de manier waarop het geluksgevoel van mensen in die onderzoeken wordt bepaald heel simpel is? De proefpersonen wordt het rechtstreeks gevraagd. Eén voorbeeld zou iets kunnen zijn als: 'Als je naar de lange termijn kijkt, ben je dan tevreden over je leven?' Als mensen zich gelukkig voelen, worden er neurotransmitters afgevuurd in hun hersenen, die dan gemeten kunnen worden om vast te stellen of ze gelukkig zijn. Maar terwijl die stofjes vastgesteld kunnen worden op de momenten dat de metingen worden gedaan, is het niet mogelijk om te zeggen of die resultaten langere tijd zullen aanhouden. Het is niet mogelijk om voortdurend zulke metingen te doen voor de rest van het leven van die mensen. In de test is geluk iets wat ieder voor zich onder woorden moet brengen.

Geluk hangt af van hoe je het interpreteert. Geluk is niet iets wat buiten je om bestaat; het zit in je. Geluk zit altijd in je hart. Veel mensen hebben het op verschillende manieren gezegd en ze hebben allemaal gelijk. Geluk is in wezen iets wat we alleen kunnen meten door ons gevoel van tevredenheid uit te drukken. Sommige mensen bevinden zich misschien in een moeilijke situatie die er voor anderen akelig uitziet, maar als ze het idee hebben dat ze gelukkig zijn, als ze dankbaar zijn voor hun omstandigheden, dan zijn die mensen gelukkig. Daarom maken onze handelingen 40 procent van ons geluk uit. Geluk is niet een toestand die we bereiken door aan bepaalde maatstaven te voldoen. Geluk is iets wat alleen op het moment zelf gevoeld kan worden.

Je 'wordt' niet gelukkig

Iemand zei ooit tegen me dat het enige wat er in zijn leven ontbrak kinderen waren. Hij was ervan overtuigd dat hij tevreden zou zijn als hij dat doel had bereikt. Misschien denken veel mensen daar ook zo over. Zodra ze een aantal criteria bereiken, kunnen ze gelukkig 'worden'.

Het is net als het bereiken van de top van een berg die 'Gelukkige berg' heet, waar je de garantie krijgt dat je de rest van je leven gelukkig zult zijn. Of als het lopen van een 'Gelukkige marathon', waar je de finish over komt en dan een medaille uitgereikt krijgt die 'Geluk' heet. Maar geluk ligt niet op een bergtop of achter een eindstreep. Het is niet mogelijk om gelukkig te 'worden'. Dat komt doordat alles wat je bereikt je wel voor heel even gelukkig kan maken, maar je raakt er al snel aan gewend. Het zal onderdeel van je dagelijks leven worden, iets wat voor lief wordt genomen.

Mensen die de loterij winnen hebben veel geluk. Ze kunnen hun baan opzeggen en hoeven zich geen zorgen meer te maken over de toekomst. Ze kunnen alle leuke dingen van het leven proberen zonder zich financieel zorgen te maken.

Maar ze kunnen zich niet nauwkeurig voorstellen hoe ze zich zullen voelen een jaar nadat ze die grandioze prijs hebben geaccepteerd, en ze zullen waarschijnlijk merken dat het grootste deel van hun eerste blijdschap dan is weggeëbd. We raken gewend aan veranderingen, zelfs aan enorme. Hoe kan iemand die kinderen wil, die denkt dat het enige wat er aan zijn leven ontbreekt kinderen zijn, zich voorstellen hoe hij zich voelt drie jaar nadat hij een kind heeft gekregen?

Je 'wordt' niet gelukkig. Geluk is geen beloning die je ontvangt voor het volgen van vaststaande voorbeelden. Het is niet verbonden aan bepaalde levensprestaties en het wordt je niet op een presenteerblaadje aangeboden.

Je gelukkig 'voelen' in plaats van gelukkig 'worden'

Ik denk dat geluk iets is wat je alleen kunt voelen, en je kunt het alleen in het heden echt ervaren. Het is het grote genoegen dat je van moment tot moment voelt. Iemand die ongelukkig is, kan niet plannen om morgen gelukkig te zijn, of de dag daarna, of over een jaar, want zodra dat moment aanbreekt, zal het gewoon weer een 'nu' zijn voor die persoon om ongelukkig te zijn. Dit kun je ook van de andere kant bekijken: we hebben niets extra's nodig om ons op dit moment gelukkig te voelen. Het is dus mogelijk voor ons om ons altijd gelukkig te voelen.

Minimalisme heeft de 40 procent geluk die ik uit mijn handelingen krijg gemaximaliseerd

Als onze omgeving ons geluk maar voor 10 procent kan beïnvloeden, waarom zouden we dan tijd doorbrengen met het vergaren van materiële bezittingen? Waarom zou je niet in een minimalistisch appartement wonen en jezelf bevrijden om je handelingen te veranderen, die 40 procent van je geluk uitmaken, door afscheid te nemen van je spullen?

Voor mij was minimalisme een essentieel onderdeel van mijn weg naar geluk. Op dit moment ben ik gelukkiger dan ooit tevoren. Vroeger was ik introvert en glimlachte en praatte ik niet veel. Mensen zeiden altijd dat ze geen idee hadden wat ik dacht, alsof ik een soort robot was. Maar die robot is langzamerhand aan het veranderen.

Omdat ik niet veel bezittingen heb, heb ik de luxe van tijd. Ik kan genieten van de eenvoud van mijn dagelijks leven zonder me gestrest of overweldigd te voelen. Die onnodige trots is verdwenen en aangezien ik me niet voortdurend druk maak over hoe ik overkom, heb ik de stoute schoenen aangetrokken om dit boek te schrijven.

Ik kan me beter concentreren en ik richt me eindelijk op het werk dat ik altijd al heb willen doen. Ik ben me bewuster van het hier en nu. Ik beleef trauma's uit het verleden niet opnieuw en maak me ook geen zorgen over mijn onzekere toekomst.

Maar de allerbelangrijkste verandering in mijn gedrag sinds ik mijn spullen vaarwel heb gezegd, is de opkomst van een nieuw gevoel van dagelijkse dankbaarheid. Ik word echt ontroerd door mijn ervaringen in het nu en ik merk dat ik door het leven wandel met dankbaarheid voor de vrienden die ik heb en voor die paar spullen die ik heb gehouden.

Minimalisme is geen doel. Het is een methode. Er zijn veel belangrijke lessen die ik door minimalisme heb geleerd. Maar als je die lessen hebt geleerd en nog meer ook, hoef je geen minimalist te worden. Zelfs ik heb de vrijheid om meer spullen te gaan kopen, zolang ik maar de belangrijke lessen in ere houd die het minimalisme me heeft geleerd.

Minimal & ism, de website die ik met Numahata run, hebben we zo genoemd met het idee dat we door het terugdringen van onze spullen tot een minimale staat kunnen ontdekken wat echt belangrijk voor ons is. Terwijl ik mijn minimalistische pad bewandel, geloof ik dat ik heb ontdekt wat het belangrijkst is: het zijn de mensen om me heen.

Het zijn niet alleen maar familie en vrienden, of mensen die mooi zijn, getalenteerd, of die er dezelfde mening op na houden als ik. Het is ook iedere persoon die ik vandaag ontmoet.

Wat is belangrijk in mijn leven? Dat is de persoon die op dit moment voor me staat of zit.

Nawoord en maximaal dankwoord

Ik ben expert geworden in me dankbaar voelen, dus dit gaat een beetje een lang verhaal worden. Ik zou willen beginnen door te zeggen dat ik het begrip 'minimalistisch' voor het eerst tegenkwam in een artikel van Naoki Numahata, met wie ik nu de website Minimal & ism run. De eerste dag dat ik hem ontmoette hadden we een hartstochtelijke discussie over minimalisme, en het lijkt wel of onze plannen voor de website nog datzelfde moment werden gesmeed. Ik geloofde nooit dat ik het type persoon was dat anderen iets te bieden had, maar ik werd verliefd op het schrijven van een blog, wat ertoe leidde dat ik dit boek heb geschreven. Ik ben heel blij dat ik door minimalisme dierbare vrienden heb gemaakt.

Ik zou ook mijn werkgever, Wani Books, willen bedanken. Ze waren vriendelijk en behulpzaam toen ik zei – ík, een redacteur – dat ik een boek wilde schrijven. Iedereen moet zich hebben afgevraagd of ik gek geworden was of nog maar een paar maanden te leven had of zoiets. Op dat moment dacht ik precies hetzelfde. Als Wani een groter bedrijf was geweest, had ik waarschijnlijk niet het lef gehad om mijn wens uit te spreken.

Ik laat mijn oprechte dankbaarheid uitgaan naar de heer Yokouchi, de directeur van ons bedrijf; mevrouw Aoyagi, hoofd van de redactie, die mijn ongebruikelijke project zo ruimhartig steunde; en mijn baas, mevrouw Ichiboji, chef van de fotoredactie. Ik zou iedereen van de redactie willen bedanken omdat ze hebben meegeholpen terwijl ik gedurende een heel jaar in gedachten was verzonken over dit boek.

'Wat is er zo leuk aan wonen in een appartement als dit?' vroeg de heer Sakurai, hoofd van onze verkoopafdeling, me een keer. Ik ben echt blij dat we zulke actieve gesprekken hebben kunnen voeren. Kom, laten we nu het boek gaan verkopen!

Aan de heer Osuka, de persoon bij wie ik steeds maar weer terugkeerde om citaat na citaat na citaat te vragen: heel hartelijk bedankt. Ik hoop dat dit boek iets wordt wat iedereen van de pr-afdeling flink bezig zal houden. En aan de mensen van de afdeling digitale verkoop: ik zie ernaar uit om dit boek ook in digitale vorm te lanceren. Aan de mensen van de financiële afdeling: ik zal proberen niet te laat te zijn met mijn facturen voor dit boek. Heel veel dank ook aan de mensen van de afdeling administratie. En aan alle andere mensen van onze andere afdelingen: dank jullie wel voor jullie warme woorden van aanmoediging. Ik was blij dat ik jullie hoorde zeggen dat jullie uitkeken naar de publicatie.

Als redacteur die over het algemeen achter de schermen werkt, ben ik me er heel erg van bewust dat een boek aan onze lezers wordt geleverd na heel veel hard werk door veel mensen. De mensen van Toppan Printing die dit boek hebben gedrukt, iedereen bij National Bookbinding, die dit werk hebben ingebonden, diegenen van jullie bij ALEX Corporation, die de vormgeving hebben verzorgd, de mensen bij het Tokyo Shuppan Service Center, die verantwoordelijk waren voor de tekstcorrectie en de mensen bij Taiyo Shoji, omdat ze altijd de zware vrachten van onze boeken vervoeren, dank allemaal. En *last but not least*: heel veel dank aan de mensen die fungeren als onze vertegenwoordigers en diegenen van jullie die werken bij de fantastische boekhandels. Ik hoop dat jullie dit boek aan onze lezers zullen blijven aanbieden.

Ik zou ook Steve Jobs en Apple willen bedanken. Dankzij de iPhone en de MacBook Air, twee echt minimalistische producten die de heer Jobs in de wereld heeft gezet, heb ik vaarwel kunnen zeggen tegen veel van mijn materiële bezittingen, terwijl ik tegelijkertijd op welke plek ik maar wilde kon schrijven. Het is te danken aan Microsoft Word dat ik dit heb kunnen schrijven. Ik heb een vooropzet kunnen maken met behulp van de Tree2-app. Dropbox heeft het mogelijk gemaakt om het materiaal veilig op te slaan. Dankzij de ontwikkeling van allerlei technologieën is het mogelijk geweest om dit te doen zonder de noodzaak van extra apparatuur.

Ik zou ook mijn dankbaarheid aan Jonathan's in Meguro willen uitspreken, omdat ze me het grootste deel van dit werk in hun restaurant hebben laten schrijven, en aan Jonathan's in Fudomae, omdat ze me de rest ervan hebben laten schrijven in hún restaurant. Het spijt me dat ik zoveel uren achter elkaar in jullie restaurants ben blijven zitten. De helft van de reden waarom ik ervoor heb gekozen om naar Fudomae te verhuizen was vanwege jullie restaurant. Dank ook aan de Tokyo Metropolitan Library, een bibliotheek met een prachtige tuin waar ik elke dag naartoe ging toen ik aan het schrijven was. Ik werd vaak geïnspireerd door de eenden en de schildpadden, die op hun gemak in jullie vijver zwemmen.

Aan de vele minimalisten die ik heb mogen ontmoeten: er waren vele gelegenheden waarbij ik me afvroeg of de veranderingen die ik in dit boek heb vermeld dingen waren die alleen mij overkwamen. Ik vond het fijn om ieder van jullie te ontmoeten, zo vriendelijk, zo vrijgevig en zo opgewekt. Ik kreeg de indruk dat jullie allemaal, door jullie materiële bezittingen terug te dringen, positieve veranderingen in jullie leven hadden ervaren en dat jullie vooruitgingen.

Aan de minimalisten die ik heb ontmoet voor het schrijven van dit boek: hoewel de inhoud mijn persoonlijke visie is, werd ik door jullie allemaal ontzettend gestimuleerd. Ik beschouw jullie allemaal als mijn vrienden en ik kijk ernaar uit om jullie weer te zien. Hiji, mijn deelname aan het evenement 'Minimalist Kyoto Off-Kai' dat je had georganiseerd, bleek de eerste grote stap die ik zette. Die bijeenkomst heeft me geholpen te veranderen.

Aan alle minimalisten die ik niet heb mogen ontmoeten, maar die me met de publiciteit hebben geholpen: ik ben ervan overtuigd dat de verspreiding van minimalisme meer mensen zal helpen gelukkig en vrij te worden. Dank jullie wel.

Ontwerper Keito Kuwayama. Het is aan de heer Kuwayama's goddelijke snelheid te danken dat het ons is gelukt alles voor elkaar te krijgen ondanks ons strakke schema. U werkt zo snel dat ik er met verwondering naar stond te kijken. Ik ben nog steeds verbaasd. Dank u heel erg dat u zo ongelooflijk snel een geweldig ontwerp heeft gemaakt.

Shunsuke Murakami, redacteur van dit boek. Ik had nooit gedacht dat er een redacteur voor een redacteur zou zijn. Ik ben echt blij dat ik niet alles zelf heb hoeven te doen. Als ik dat wel had gedaan, was ik nu waarschijnlijk ergens naartoe gevlucht. Terwijl ik dit aan het schrijven was, waren er vaak momenten waarop ik me afvroeg of ik me alles maar inbeeldde en dat niets van wat ik schreef op iemand anders over zou komen. Dat waren de momenten waarop ik terugdacht aan de heer Murakami, die me woorden van steun bood en me vertelde dat wat ik schreef interessant was. Ik was ook heel erg blij met de hoeveelheid aandacht die u het werk gaf. Het spijt me dat ik te laat was met het manuscript. Dank u heel erg.

Dank aan al mijn vrienden en familie die me hebben geholpen dit boek te promoten. Vertel me alsjeblieft wat jullie ervan vinden; je hoeft je niet in te houden. Er is één ding waar ik me voor moet verontschuldigen: ik heb alles wat jullie me hebben gegeven weggedaan. Dat spijt me echt heel erg. Ik heb van alles foto's gemaakt en ik dacht daarbij terug aan de blijdschap die ik voelde toen jullie de cadeaus aan me gaven, en ik heb ze met gevoelens van dankbaarheid vaarwel gezegd. Ik had een enorm geluksgevoel toen ik ze voor het eerst van jullie ontving en opnieuw toen ik ze liet gaan. Ontzettend bedankt.

En aan al mijn lezers. Dank jullie wel dat jullie dit boek lezen. Ik heb alle gedachten die ik had terwijl ik mijn materiële bezittingen terugdrong met jullie gedeeld. Ik hoop dat er misschien iets is, al is het maar een zinnetje, dat jullie bijblijft. Ik weet zeker dat er veel fouten in dit boek staan, waar ik volledig verantwoordelijk voor ben, en ik zou het waarderen als jullie me er vriendelijk op zouden wijzen.

Als laatste aan mijn overleden vader en mijn lieve, gezonde moeder: als er iets in het boek is wat mensen een gevoel van vrijheid geeft, denk ik dat het het resultaat is van jullie overtuiging dat je kinderen niet moet dwingen om iets te doen en ze onafhankelijk moet laten zijn. Jullie hebben me zelfstandig laten denken. Dank jullie allebei, vanuit de grond van mijn hart.

Ik zou willen afsluiten met een van mijn lievelingscitaten. Het komt uit een gedicht dat werd geschreven door de dichter Rūmī.

Maar ik doe nu mijn mond dicht, in de hoop dat jij de jouwe opendoet.

Samenvatting: Fumio Sasaki's minimalistische tips

Samenvatting: 55 tips om je te helpen vaarwel te zeggen tegen je spullen

1 Vergeet het idee dat je je spullen niet kunt wegdoen.
2 Er is vaardigheid voor nodig om iets weg te gooien.
3 Als je iets wegdoet, win je meer dan je verliest.
4 Vraag je af waarom je geen afstand kunt doen van je spullen.
5 Minimaliseren is moeilijk, maar niet onmogelijk.
6 Er zijn grenzen aan de capaciteit van je hersenen, je energie en je tijd.
7 Doe nu meteen iets weg.
8 Er is geen enkel voorwerp waarvan je spijt zult hebben dat je het hebt weggegooid.
9 Begin met spullen die duidelijk rommel zijn.
10 Gooi alles weg waar je meer exemplaren van hebt.
11 Gooi alles weg wat je een jaar niet hebt gebruikt.
12 Gooi het weg als je het bewaart vanwege de uiterlijke schijn.
13 Maak onderscheid tussen spullen die je wilt hebben en spullen die je nodig hebt.
14 Neem foto's van de voorwerpen waar je moeilijk afscheid van kunt nemen.
15 Het is gemakkelijker om je herinneringen nog eens te bekijken als je alles digitaliseert.
16 Onze spullen zijn net kamergenoten, behalve dan dat wij hun huur betalen.
17 Opruimen is niet hetzelfde als minimaliseren.
18 Pak eerst de opbergers aan.
19 Laat je 'ongebruikte' ruimte leeg.
20 Laat het idee van 'ooit' los.
21 Neem afscheid van wie je vroeger was.
22 Gooi de spullen weg die je al vergeten bent.

23 Ga niet creatief worden als je probeert spullen weg te doen.
24 Laat het idee varen dat je waar voor je geld moet krijgen.
25 Voorraden aanleggen is niet nodig.
26 Als je er blij van wordt, helpt dat je te focussen.
27 Veilingen vormen een snelle manier om van je bezittingen af te komen.
28 Gebruik veilingen om nog een laatste blik op je spullen te werpen.
29 Gebruik een ophaaldienst om van je spullen af te komen.
30 Staar je niet blind op de prijzen die je in eerste instantie hebt betaald.
31 Beschouw winkels als je persoonlijke voorraadkamers.
32 De stad is ons huis.
33 Gooi alle bezittingen weg waar je geen hartstochtelijk gesprek over kunt houden.
34 Als je het kwijtraakte, zou je het dan opnieuw kopen?
35 Als je je niet kunt herinneren hoeveel cadeaus je hebt gegeven, maak je dan niet druk over de cadeaus die je hebt gekregen.
36 Probeer je voor te stellen wat de persoon die is overleden zou hebben gewild.
37 Een aandenken weggooien is niet hetzelfde als herinneringen weggooien.
38 Onze grootste voorwerpen roepen kettingreacties op.
39 Ons huis is geen museum; het heeft geen collecties nodig.
40 Wees sociaal; ga lenen.
41 Huur alles wat je maar kunt huren.
42 Sociale media kunnen je extra motiveren om te minimaliseren.
43 Wat zou er gebeuren als je helemaal opnieuw begint?
44 Zeg 'tot later' voordat je vaarwel zegt.
45 Gooi alles weg wat visueel lawaai maakt.
46 Eén erin, één eruit.

47 Vermijd de Concorde-denkfout.

48 Geef fouten snel toe. Die helpen je om te groeien.

49 Beschouw kopen als huren.

50 Koop het niet alleen omdat het goedkoop is. Neem het niet mee omdat het gratis is.

51 Is het geen ‘ja, natuurlijk!’ dan is het ‘nee’.

52 De spullen die we echt nodig hebben, zullen altijd weer bij ons terugkomen.

53 Behoud de dankbaarheid.

54 Spullen weggooien kan verspilling zijn. Maar het schuldgevoel waardoor je je van minimaliseren laat weerhouden is pas echt verspilling.

55 De spullen waar we vaarwel tegen zeggen, zijn de spullen die we ons voor altijd zullen blijven herinneren.

Samenvatting: Nog eens 15 tips voor de volgende fase van je minimalistische reis

1. Minder spullen betekent niet dat je minder tevreden bent.
2. Probeer jouw unieke uniform te vinden.
3. We vinden onze originaliteit als we minder bezitten.
4. Gooi het weg als je dat vijf keer hebt overwogen.
5. Als je je minimalistische vaardigheden hebt ontwikkeld, kun je het 'tot later'-stadium overslaan.
6. Een beetje ongemak kan ons gelukkiger maken.
7. Gooi het weg, zelfs als je er blij van wordt.
8. Minimalisme is vrijheid. Hoe eerder je dat ervaart, hoe beter.
9. Als je spullen weggooit, houd je minder over, maar je wordt er niet minder door.
10. Zet vraagtekens bij de conventionele manieren waarop van je wordt verwacht dat je spullen gebruikt.
11. Denk niet na. Gooi weg!
12. Minimalisme is geen wedstrijd. Ga niet opscheppen over hoe weinig je hebt. Vel geen oordeel over iemand die meer heeft dan jij.
13. Het verlangen om weg te gooien en het verlangen om te bezitten zijn twee kanten van dezelfde medaille.
14. Zoek je eigen minimalisme.
15. Minimalisme is een methode en een begin.